돌봄의 기술

내 상처가 뭔지 정확히 알고 돌보기 위한 59가지 행복문답

돌봄의 기술

김유비

규장

· CONTENTS ·

① 자신을 돌보는 기술
: 돌봐야 치유될 수 있어요

마음을 돌보는 기술

: 있는 모습 그대로 바라봐요

신앙을 돌보는 기술

: 중심을 잃지 않으면 돼요

공동체를 돌보는 기술

: 은혜 받은 만큼 섬겨요

연애를 돌보는 기술

: 시작보다 과정이 중요해요

 6 결혼 고민을 돌보는 기술

: 사랑을 서로 공유해요

 7 부부를 돌보는 기술

: 마음을 열고 대화해요

1부

자신을 돌보는 기술

: 돌봐야 치유될 수 있어요

나를 어떻게 돌보나요?

자기를 돌보자는 말을 들으면 마음이 따뜻해지는 느낌이에요. 하지만 나 자신을 어떻게 돌볼지 모르겠습니다. 자기를 돌보자는 말이 무슨 뜻인가요?

먼저 '자기 사랑'과 '자기 돌봄'이 다르단 것을 말하고 싶어요. 다른 사람들은 어떻게 쓰는지 모르지만 나는 두 단어를 다른 의미로 씁니다.

'자기 사랑'이란 말 자체를 그리 좋아하지 않습니다. 자기를 사랑하는 삶은 때로는 이기적으로 변질될 수 있거든요. 세상은 이미 자기를 사랑하는 사람으로 넘쳐납니다. 또 많은 사람이 자기를 사랑하자는 구호를 외칩니다. 나까지 소리치지 않아도 이미 귀가 아프도록 같은 말을 듣고 있지요.

솔직히 '자기 사랑'이란 말 자체가 성경적인가 의심스럽습니다. 단정적으로 표현해서 오해를 살까 걱정이 되지만, 기독교는 '자기 사랑'이 아니라 '자기 부인'을 말합니다. 자신을 부인하는 사람이 진정으로 자신을 사랑할 수 있기 때문이지요.

예수님은 우리에게 "너를 사랑하지 말고, 나를 사랑하라"라고 말씀하셨습니다. 자기를 부인하고, 그분을 사랑하는 사람이 역설적으로 자신을 정말 사랑하는 사람입니다.

사람이 자기를 사랑할 수 없는 이유는, 자신이 누구인지 스스로 잘 알기 때문입니다. 스스로를 용서할 수 없는 사람이라도 예수님 앞에 서면 용서받을 수 있습니다. 아무리 형편없어도 그분 앞에 서면 고귀한 존재로 변화되지요. 그래서 예수님을 사랑하는 만큼 확신 있게 자신을 사랑할 수 있습니다.

예수님의 사랑과 말씀으로 자신의 상처를 치유하는 삶이 자기를 돌보는 삶입니다. 예수님의 사랑으로 자신을 있는 그대로 사랑하며 그분의 말씀으로 자신을 이끌어주는 삶이지요.

예수님의 말씀은 예수님에 관한 말씀, 그분이 하신 말씀입니다. 구약성경은 예수님에 관한 말씀이고, 신약성경은 예수님이 직접 하신 말씀입니다. 말 그대로 성경 전체입니다. 성경으로 우리 각자를 이끌어가는 삶이 곧 자기 돌봄입니다.

그러나 여기서 끝이 아닙니다. 우리는 예수께 사랑받아야 합니다. 나는 상담을 하면서 '예수님을 진지하게 따르기는 하지만, 그분께 사랑받지 못하는' 수많은 사람을 만났습니다.

상처 입은 사람은 예수님이 따뜻하지 않습니다. 그분께 거절당할까, 버림받을까 두려워하면서 따르지요. 예수님이 그런 분이 아니라는 것을 머리로는 알지만 정서적으로 그분을 누리지 못합니다.

이것은 말씀 자체의 결함이 아닙니다. 말씀은 그 자체로 완전합니다. 문제는 우리 자신입니다. 우리 안의 해결되지 않은 상처와 상처로 고통받은 기억이 말씀과 예수님의 사랑을 왜곡시킵니다.

나 역시 상처 입은 사람입니다. 예수님을 사랑하며 누구보다도 열심히 성경을 연구했지만, 그분을 단단히 오해하며 살았습니다. 상처의 렌즈로 말씀을 읽었고, 예수님과 비틀어진 관계로 오랜 시간 고통받았지요.

이제, 나는 당신에게 말하고 싶습니다. 예수님의 사랑과 말씀으로 자신 안의 상처를 돌보는 삶을 시작하자고. 그분의 사랑과 말씀으로 자신 안의 상처를 따뜻하게 돌봐야 치유될 수 있습니다.

구체적인 방법을 알려주세요

크리스천이라면 당연히 예수님의 사랑과 말씀으로 상처를 치유하고 싶을 거예요. 하지만 말처럼 쉽지 않아서 문제지요. 구체적인 방법을 알려주세요.

예수님의 사랑과 말씀으로 상처를 치유하자는 말을 들으면 막연하다는 느낌을 받을 수 있어요. 나 역시 그랬으니까요. 예수님을 사랑하지만, 내 상처를 어떻게 돌볼지 몰라 힘들었어요.

예수님을 사랑해도 아프니까 내 믿음이 초라하게 느껴졌습니다. 그분을 사랑하면 상처로 고통받지 않을 거라고 생각했거든요. 예수님을 오해한 거예요.

뒤늦게 내가 고통받을 때, 내 안에서 무슨 일이 벌어지는지 알았어요. 특정한 상황에서, 특정한 감정으로 고통받을 때, 그에 앞서 특정한 생각을 하고 있었어요. 그 생각이 파괴적이면 인생이 파괴됩니다. 말할 수 없는 고통이 시작되지요.

예를 들어볼게요. 사람들은 설교 잘하는 목사를 좋아합니다. 나 역시 설교를 잘하고 싶어요. 그래서인지 목회할 때나 지금이나 설교가 항상 부담입니다. 많은 사람 앞에서 설교하거나, 청중의 수준이 높으면 더 큰 부담을 느끼지요.

나는 왜 설교를 잘하고 싶을까요? 나는 답을 알고 있습니다. 하나님보다 내가 앞서기 때문이에요. 설교 잘해서 인정받고 싶은 겁니다. 뻔한 답이지만 나는 자주 잊어요.

설교라는 행위 자체의 문제가 아니라 설교를 대하는 특정한 생각이 문제입니다. 특정한 상황에서 특정한 생각이 찾아오는데, 그 생각에 복음이 없으면 고통스럽습니다.

그래서 복음 없는 생각을 발견하면, 그 생각을 구체화해서 문장으로 표현합니다. 정확한 문장으로 표현할 수 있어야 예수님의 사랑과 말씀으로 돌볼 수 있습니다.

"설교를 망치면 사람들이 날 무시할 거야."
"더듬거리거나 실수하면 내가 준비가 안 된 사람이라고 생각하겠지."
"설교로 감동을 주지 않으면 사람들이 더 듣지 않을 거야."

모두 거짓말이지만, 내게는 진실처럼 다가옵니다. 이때 나를 돌보지 않으면 나는 빠른 속도로 파괴됩니다. 빨리 멈춤 버튼을 누르고, 복음이 없는 지점을 찾아야 해요. 그리고 명확하게 복음을 전합니다. 마치 적의 심장부에 폭격을 하듯이.

그리고 거짓에 대응하는 진실을 찾아냅니다. 예수님의 말씀에 근거한 복음적인 문장을 찾아내서 파괴적인 문장과 일대일 대응을 시키지요. 이것은 쉽지 않아요. 복음적인 문장이 떠오르지 않으면 예수님과 가상의 대화를 시도합니다.

"예수님, 설교가 부담스러워요. 제가 더듬거나 실수하면 사람들이 저를 무시하고 속으로 비웃을 거예요. 저는 꼭 사람들을 감동시켜야 해요. 그래야 제 이야기를 들어줄 거니까요. 사람들이 더 이상 날 찾지 않으면 어쩌죠."

예수님이 어떻게 말씀해주실까요? 어떤 말씀을 해주시는지에 따라 내가 그분을 어떻게 만나고 있는지가 드러납니다. 먼저 내가 오랫동안 오해한 예수님을 말해볼게요.

"두려워 마라. 내가 너를 세웠다. 담대하게 선포하라. 내가 너를 도울 것이다. 너는 작은 그릇이 아니라 큰 그릇이다. 내가 너를 수많은 사람 앞에 세우고, 내 영광을 드러내겠다. 이제 시작이다. 더 큰 꿈을 꿔라."

틀린 말씀은 아닙니다. 성경에 비슷한 말씀이 여러 군데 있지요. 문제는 말씀 자체가 아니라 내 욕망입니다. 이것을 하나님의 말씀에 교묘하게 섞어서 포장을 제법 잘한 겁니다. 나 자신도 모를 만큼 그럴싸하게 잘 섞어서 나도, 다른 사람도 속인 겁니다.

지금 나는 과거와 다른 예수님을 만납니다. 따뜻하게 나를 돌봐주시고, 한없이 사랑해주시고, 온전히 이해해주시는 그분이 말씀하십니다.

"그래, 정말 두려울 거야. 하지만 포기하지는 말렴. 지금처럼 용기를 내서 나를 전해주겠니? 나는 사람들이 너를 기억하지 않고 나를 기억하길 바란다. 기회가 있을 때마다 나에 대해 말해주겠니? 사람들이 널 잊을까 두려워할 필요가 없단다. 사람들이 더 이상 널 찾지 않아도, 내가 너를 기억하고 책임질 거니까. 지금부터는 오히려 잊히기 위해 애를 쓰렴."

예수님은 먼저 내 감정을 사랑으로 받아주십니다. 그리고 진실을 말해주십니다. 진실은 예수님의 말씀입니다. 그분의 사랑과 말씀으로 나를 돌본다는 말은, 내 감정을 수용해주시며 진실을 말씀해주신다는 뜻입니다.

내게는 말할 수 없이 큰 위로입니다. 나는 상처를 외면하거나 고통을 만회할 대안을 찾지 않습니다. 그저 예수님의 품에 안길 뿐이에요. 그 순간만큼은 사람들의 눈치를 보지 않습니다.

나는 매주 여러 번 설교합니다. 설교에 대한 부담은 결코 가벼워지지 않습니다. 그러나 내가 나 자신을 돌보지 않으면 사람들의 인정을 구걸하다가 스스로 포기해버리고 말겠죠.

예수님의 사랑과 말씀으로 나를 돌보면서 지속할 것입니다. 예수님이 나를 기억해주시는 한, 그분을 전할 것입니다. 내 설교가 형편없어도 상관없습니다. 그저 예수님을 전하고 싶습니다.

고통이 시작될 때, 자신 안에서 벌어지는 일을 자세히 살펴보세요. 그리고 그 안에서 복음 없는 생각을 찾아내어 명확한 문장으로 표현해보세요. 그리고 예수님과 솔직한 대화를 시작하세요. 그분이 따뜻한 진실을 말씀해주실 거예요.

포기하지 마세요. 평생 반복입니다. 예수님은 영원히 우리와 함께하십니다. 그분의 사랑과 말씀으로 나를 계속 돌봐주세요.

내게는 예수님이 따뜻하지 않아요

제가 만나는 예수님은 그렇게 따뜻하지 않아요. 과거에 상담을 받았는데, 관계가 어려운 건 원가족과 관련이 있다고 상담사가 말했어요. 부모님께 사랑받지 못해서 그런 걸까요? 예수님이 정말 멀게 느껴져요.

과거에 얽매이지 말고, 과거를 수용해주세요. '내가 그래서 그랬구나. 나는 어쩔 수 없어. 처음부터 잘못된 거야'라고 생각하면 과거에 발목이 잡힌 거예요.

과거를 수용한 사람은 다른 관점으로 과거를 바라볼 수 있어요. "내게 그런 결핍이 있었구나. 이제부터 나를 돌볼 거야. 절대 방치하거나 외면하지 않을 거야"라고 말할 수 있어요.

과거에 얽매인 삶과 수용하는 삶을 구분하는 절대적 기준이 있냐고요? 솔직히 말하면 없어요. 내 관점에서 그렇다는 말입니다. 과거의 상처를 어떤 의미로 받아들이는가는 스스로 선택해야지 누구도 강요할 순 없어요. 대신 결정해줄 수도 없고요.

나는 내 상처의 의미를 혼자 결정합니다. 다른 사람에게 강요할 마음은 없어요. 내가 돌볼 수 있는 방식으로 과거를 바라봅니다. 파괴적인 결론을 내리면 절대 나 자신을 돌볼 수 없을 테니까요.

잠시 생각해보세요. 누가 부모에게 원하는 만큼의 사랑을 다 받을 수 있을까요? 세상에 완벽한 사랑은 없습니다. 부모 자녀 사이에도 예외가 없지요. 부모가 자녀를 위해 모든 희생을 감내한다 해도, 자녀는 다른 방식으로 부모의 사랑을 받아들일 수 있어요.

나도 세 아이의 아빠지만, 자녀들이 나를 어떻게 바라볼지 늘 걱정합니다. 예수님은 나를 있는 그대로 바라봐주시지만 자녀들은 그렇지 않을 거니까요.

자, 다시 질문으로 돌아가볼게요. '부모에게 사랑받지 못해서 예수님의 사랑을 느낄 수 없다'라고 결론을 내리면 자신을 돌볼 수 없어요. 과거를 되돌릴 수 없으니 답답할 뿐이지요. 다른 방식으로 표현해보면 어떨까요?

'나는 부모에게 사랑받지 못했어. 하지만 예수님은 부모님과 달라. 나를 온전히 사랑해주실 수 있어. 지금까지 사랑받지 못한 채로 살아왔지만 이제는 걱정할 필요 없어. 그분이 나를 따뜻하게 안아주실 거야.'

같은 상황을 어떻게 바라보느냐에 따라 결과가 달라집니다. "자신을 방치하고 외면한 채 살아가느냐, 아니면 예수님의 사랑으로 자신을 돌보느냐"가 중요해요. 나는 자신을 돌보라고 말하고 싶어요. 방치하거나 외면하지 마세요.

누군가 이런 질문을 할 수 있을 거예요.
"그런 식으로 말하면 상처받은 사람을 탓하는 거예요. 어디 말처럼 그렇게 선택이 쉬운가요?"

맞아요. 그마저 힘들다면 선택하지 않아도 상관없어요. 예수님이 일방적으로 찾아오셔서 조건 없이 안아주실 겁니다. 그러면 복잡한 과정 없이 사랑받고 끝납니다. 예수님 품에 안긴 사람은 단순해집니다.

상처받은 과거가 새로운 의미로 받아들여지지요. 고통스러운 순간마저도 그분이 주신 선물처럼 느껴집니다. 고통의 시간을 잘 지나온 덕분에 그분을 더욱 사랑하게 된 거지요.

과거에 얽매이지 마세요. 어제의 당신, 오늘의 당신, 내일의 당신도 예수님의 사랑스러운 자녀입니다. 그분은 당신이 살아온 모든 시간을 사랑하세요. 한없이 따스한 눈빛으로 당신을 바라보시는 그분을 만나보세요.

자고 일어나면 또 우울해요

아무리 은혜를 많이 받아도 자고 일어나면 다음 날 똑같이 힘들어요. 전날 받은 은혜는 온데간데없고, 우울한 감정에 짓눌려 '이게 다 무슨 소용이 있나' 싶어요. 너무 힘들어서 포기하고 싶어요.

혼자만의 고민이 아니라고 말하고 싶어요. 나 역시 그렇거든요. 매일 같은 문제로 괴로워요. 고통이 나를 기도의 자리로 이끌지만 기도가 끝나면 다시 반복됩니다.

잠시 내 이야기를 해볼게요. 블로그에 쓴 글들로 과분하게 출간 제안을 받았어요. 그런데 출판계약서에 사인을 하고, 첫 책의 원고를 쓰기 시작했는데 이상한 일이 벌어졌어요. 글이 갑자기 써지지 않았어요. 모니터에 깜빡거리는 커서가 공포스러울 정도였지요.

엎드려서 기도했어요. 그러자 하나님이 은혜를 주셔서 다시 글이 써지더군요. 내 생각이 조금 달라졌거든요.

'잘 쓰려고 하지 말자. 그냥 쓰자. 지금 보이는 모니터를 활자로 채우는 게 목표다.'

우여곡절 끝에 첫 책의 원고를 마무리하고 출판사에 넘겼어요. 다 끝난 줄 알았더니 더 큰 고통이 찾아왔어요. '책이 얼마나 팔릴까' 하는 걱정에 잠을 이루지 못했습니다. 가슴이 짓눌려 일상을 살기 힘들더군요.

또 엎드려 기도했지요. 하나님이 은혜 주셔서 마음의 평안을 찾을 수 있었어요. 내 이야기는 해피엔딩이 아니에요. 뫼비우스의 띠처럼 고통과 은혜의 반복이지요.

두 번째 책이 나올 때도 같은 일을 겪었어요. 고통이 심해졌으면 심해졌지, 익숙하거나 덜하지 않았어요. 그다음 책을 쓸 때도 똑같은 일이 반복될 거예요. 나는 알았습니다.

'어차피 받아들여야 하는 일이구나. 고통은 사라지지 않는다.'

이스라엘 백성들이 광야생활을 할 때, 하나님이 하늘에서 만나를 내려주셨지요. 유통기한이 하루였어요. 오늘 받은 만나는 내일 못 먹어요. 매일 새로운 만나를 받아야 하루를 살 수 있었지요.

사람마다 다르겠지만, 나는 갓 지은 밥이 좋아요. 윤기가 흐르고 찰져서 먹음직스러운. 나는 매일 새롭게 내려주시는 은혜가 좋습니다. 하나님이 갓 지은 은혜를 내려주시면 살 수 있거든요. 하나님이 지어주신 밥을 먹고 힘을 얻어 나 자신에게 복음을 전해요. 복음이 없는 생각에 복음을 전합니다.

글을 쓸 때나 원고를 마무리했을 때, 복음 없는 생각이 나를 사로잡아요.

'네 글을 누가 읽어주겠니? 사람들이 더 이상 네 글을 읽지 않으

면 너는 끝장이야.'

하지만 끔찍한 생각을 그대로 받아들이지 않습니다. 그 생각 속에는 복음이 없기 때문이지요. 복음 없는 생각에 복음을 전하기 위해 나는 선교사를 파송합니다. 땅끝까지 복음을 전하라는 예수님의 말씀에 순종하기 위해서 내 생각의 뿌리 끝까지 복음을 전해요.

아직 복음이 전해지지 않은 내 가치관과 신념의 땅덩어리가 광활하게 펼쳐져 있습니다. 복음으로 무장한 선교사가 복음 없는 생각에 십자가를 꽂습니다. 예수 그리스도의 이름을 선명하게 새긴 십자가를 꽂고 승리의 노래를 부르지요.

문제는 그다음 날입니다. 내가 파송한 선교사는 복음 없는 생각에 순교를 당합니다. 선교사가 꽂은 십자가는 부러진 채, 길가에 버려집니다. 복음 없는 생각은 참 잔인하고 지독합니다. 그러나 나는 포기하지 않습니다.

또다시 선교사를 파송하여 같은 지점에 십자가를 꽂습니다. 다음 날 부러져도 또 보냅니다. 복음 없는 생각이 복음으로 변화되는 그날까지 포기하지 않을 거예요.

매일 새롭게 부어주시는 하나님의 은혜로 복음 없는 생각에 복음을 전하세요. 은혜의 유통기한은 하루입니다. 내일은 또 다른 은혜를 받아야 해요. 매일 아침 눈을 뜨면 처음부터 다시 시작입니다.

눈을 뜨자마자 선교지의 상황부터 챙겨요. 부러진 십자가를 발견하면 다시 복음으로 무장한 선교사를 보내요. 땅끝까지 복음을 전하듯 생각의 뿌리에 복음을 전해요.

아무리 힘들어도 나는 포기하지 않을 겁니다. 예수님이 오시는 그날까지 나 자신과 온 세상을 향해 복음을 외칠 거예요. 복음 없는 생각이 복음으로 변화되고, 복음 없는 세상이 복음으로 변화되는 그날까지 전할 겁니다.

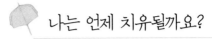

주변에서는 내 이야기를 진지하게 들어주지 않아요. 언제까지 상처받은 채로 살 거냐고 다그치는 사람도 있어요. 과거에서 벗어나고 싶은데, 나는 자꾸 왜 이러는 걸까요?

누군가 내게 "언제까지 상처받은 채로 살 거냐?"라고 질문한다면 고민하지 않고 답할 거에요. "예수님 오실 때까지"라고요. 상처는 완치되지 않아요. 그분이 오실 때까지, 우리 안의 상처를 돌보며 살 뿐이에요.

상처로 고통받는 사람은 상처가 치유되기를 바랍니다. 너무 힘드니까요. 치유를 과정으로 바라보지 않고, 성취로 바라보면 더 큰 고통이 찾아와요. 치유되지 않는 책임을 자신이 떠안게 되니까요. 오해하지 마세요. 치유는 과정이지 성취가 아닙니다.

내 관점에서 치유는 구원과 닮았어요. 사람들은 '치유'라는 말을 오해해요. 우리가 복음 안에서 사용하는 치유라는 단어는 국어사전과는 다른 뜻이에요.

같은 말이라도 사용하는 사람이나 문맥에 따라 달라집니다. '사랑'이라는 단어를 떠올려보세요. 연인 사이와 부모 자녀 사이에서 쓰이는 뜻이 달라요. 하나님과 우리 사이의 사랑도 마찬가지예요. 똑같은 단어를 쓰지만, 일반적인 사랑과는 다릅니다.

사전에서 치유는 '치료하여 병을 낫게 함'이라는 뜻입니다. '다 낫는 것, 완치'를 의미하지요. 이것을 성경 안으로 가져오면 충돌이 일어나요. 성경적인 치유의 관점에서 완치는 없거든요.

예수님이 상처 입은 사람을 치유해주실 때, 치유 자체가 목적이 아니었어요. 치유는 구원 드라마의 예고편 같은 역할을 했지요. 보이지 않는 구원을 눈앞에 보여주기 위한 예수님의 사역이었습니다. "병자가 고통에서 벗어나듯이, 귀신 들린 사람이 억압에서 벗어나듯이, 구원받은 사람도 이와 같을 것이다"라는 뜻이었어요.

치유와 구원이 닮았다고 말했으니, 구원에 대해 조금 더 살펴볼게요. 구원은 심오하고 복잡하지만, 이해하기 쉽게 세 가지 관점에서 설명해볼게요. 하지만 구원이 세 토막이나 삼 단계라는 뜻은 아닙니다.

햇빛은 수천 개의 가시광선으로 이루어져 있어요. 우리는 모든 색을 말할 수 없지요. 유치원 아이들은 보통 햇빛을 노란색으로 칠해요. 중고등학생이 되면 햇빛을 프리즘에 통과시키고 빨강, 주황, 노랑, 초록, 파랑, 남색, 보라, 일곱 가지 색깔이라고 말해요. 어른이 되면 햇빛 그 자체로 느끼죠.

같은 맥락에서 구원도 이해하기 쉽게 세 가지로 설명하지만, 실제로는 하나입니다.

일단, 예수님을 믿은 사람은 즉시 구원받습니다. 예수님과 함께 십자가에 못 박힌 강도가 그랬지요. 그가 누구든, 지금까지 어떤 삶을 살았든, 하나님은 차별하지 않으세요. 그리스도를 믿으면 즉시 구원받습니다.

십자가 위에서 구원받은 강도는 시간적인 여유가 없었어요. 만약 그에게 덤으로 인생이 주어졌다면 마땅히 그리스도를 본받는 삶을 살아야 했을 겁니다. 즉시 구원을 받은 사람은 점차적으로 예수님을 닮아갑니다. 그분의 말씀에 순종하며 따르는 것이지요.

그렇다면 우리가 노력해서 구원을 완성할 수 있을까요? 그럴 수 없어요. 예수님을 닮으려 노력한다고 예수님이 될 수는 없지요. 아무리 노력해도 우리는 스스로 구원을 완성할 수 없어요. 예수님이 다시 오시는 게 훨씬 빨라요. 그날 예수님이 약속하신 대로 우리는 영화롭게 됩니다. 그분이 다시 오시는 날, 구원이 완성됩니다.

구원을 시작하신 분도, 이루시는 분도, 완성하시는 분도 하나님이십니다. 처음부터 끝까지 그분의 사역이에요. 사람의 노력이나 공로가 끼어들 틈이 없어요.

교리 강의 시간도 아닌데 왜 길게 설명했을까요. 구원과 치유가 닮았기 때문이에요. 예수님을 믿은 즉시 우리는 치유됩니다. 그러나 치유는 즉시 완성되지 않아요. 이미 치유된 우리는 아직 치유되지 않은 거예요. 예수님의 사랑과 말씀으로 우리 안에 있는 어둠을 몰아내고 빛으로 나아가야 해요.

예수님을 믿은 후에도 우리 안에서는 육신의 법과 하나님의 법이 치열하게 싸웁니다. 그래서 자신에게 끊임없이 복음을 전해야 합니다.

아무리 힘들어도 절대 포기하지 말아요. 예수님이 오시는 날, 우리의 모든 수고도 끝납니다. 하늘에서 쏟아져 내리는 치료의 광선으로 외양간의 송아지가 기뻐 뛰는 것처럼 홀연히 치유될 것입니다.

"너 언제까지 상처받은 채로 살아갈 거냐?"라는 말은 내게 "너 언제 완전해질래?"와 같은 의미로 들립니다. 누군가 이렇게 묻는다면 "아무도 완전할 수 없어요. 누가 자신의 의로움을 자랑할 수 있을까요?"라고 대답할 거예요. 이제 위축되지 말아요. 누군가 또다시 같은 질문을 던지면 당당하게 대답해요.

"나는 예수님이 다시 오실 때까지 상처받은 채로 살련다!"

성경을 펼쳐놓고 치유되는 삶을 시작해요. 예수님의 사랑과 말씀으로 자신 안의 상처를 잘 돌봐요.

나 같은 사람도 치유되나요?

나는 어릴 때부터 많은 상처를 받고 자랐어요. 치유된 사람
들의 이야기를 들으면서 '저 사람들이 나 같은 일을 겪었다면,
치유될 수 있었을까?'라고 속으로 말합니다. 그들이 겪은 일
들과 비교할 수 없을 만큼 힘든 인생을 살았거든요.

인생의 고통은 서로 비교할 수 없습니다. 다른 사람이 살아온
인생을 듣고 나보다 더 힘들었다 혹은 덜 힘들었다고 비교할
수 없어요. 각자 말할 수 없이 고통받으며 살아온 삶을 위로하
고 격려하기를 바라요. 모두 여기까지 오느라 최선을 다했으니
까요.

당신의 질문에서 "다른 사람은 치유되어 자유로운 삶을 살고 있는데, 나는 아직 치유되지 않았다"라는 서운한 마음이 느껴지네요. 하지만 당신도 치유될 거예요. 단지 조금 오래 걸릴 뿐입니다.

당신의 상처가 다른 사람보다 깊어서가 아닙니다. 상처의 깊이에 따라 치유되는 시간이 결정되는 게 아니거든요. 치유는 하나님의 손에 달렸어요. 하나님 입장에서는 더 큰 상처를 치유하기 위해 더 능력이 필요하지 않아요. 하나님은 언제나 하나님이시고, 말씀 한마디로 우리를 치유하실 수 있습니다.

마음이 급할수록 치유가 오래 걸린다고 느낄 거예요. 주변을 보면 자신을 빼고 다른 사람들은 모두 치유된 것처럼 보일 수도 있습니다. 하지만 모두 진실이 아니에요. 각자 자기 문제로 충분히 고통받아요. 말끔히 치유된 게 아니라 그 과정 가운데 있습니다.

누군가 "나는 이렇게 예수님을 만나 이렇게 치유되었다"라고 말했다고 치유가 끝났다는 의미는 아닐 거예요. 치유가 시작되었고, 과정 중이라고 말하는 겁니다. 그러니 상대적으로 위축

되지 마세요. 당신이 예수님을 만났다면, 당신 역시 치유되는 과정인 겁니다.

나도 아내 앞에서 바보처럼 울어버린 적이 있거든요. 아내에게 "나 같은 사람이 어떻게 다른 사람을 치유하겠어. 나도 아직 치유되지 않았고, 당신도 행복하지 않은데 내가 어떻게 다른 부부를 돕겠어…"라고 하면서요.

예전에 심방을 갔는데 한 부부가 심각한 문제가 있다며 상담을 요청했어요. 아내가 남편 때문에 살기 싫다고 하는데, 듣고 보니 그 남편이 나보다 좋은 남편이었어요. 나는 생각했어요.

'만약 내가 행복한 가정에서 상처 없이 자랐어도 이렇게까지 힘들까?'

내가 보기에 행복한 가정에서 자란 목회자는 행복한 가정을 꾸리고, 목회도 편히 하는 것 같았어요. 나는 너무 답답하고 서러워서 아내에게 말하며 엉엉 울었습니다. 아내가 도와준다며 걱정하지 말라고 했어요. 그래서 버틸 수 있었어요.

나는 지금도 내가 치유되고 있다고 믿어요. 오래 걸리겠지만 기다리려 해요. 조급해한다고 더 빨리 치유되는 게 아니니까요.

당신은 남들과 비교할 수 없을 정도로 고통스러운 인생을 살았어요. 당신이 겪은 일과 고통은 아무도 모를 거예요. 하지만 걱정 말아요. 주님이 아시고 당신을 도와주실 거예요.

당신의 생각보다 더딜 뿐, 치유는 이미 시작되었어요. 주변을 바라보면 속도에 신경을 쓰고, 다른 사람과 끊임없이 비교하게 됩니다. 예수님만 바라보세요. 그러면 방향에 신경을 쓰게 됩니다. 그분이 눈앞에 보이면 안심되고, 보이지 않으면 불안하다면 안전한 거예요.

예수님을 바라보면서 천천히 걸어요. 몇 걸음 걸었나, 몇 걸음 남았나 계산하지 말아요. 멀어서 안 보이는데, 예수님도 걸어오고 계세요. 당신이 그분 품에 안겨 함박웃음 짓는 날까지 당신을 응원할게요.

 # 나는 무엇이 문제일까요?

일단 내 이야기를 들려줄게요. 내 이야기를 듣고 내게 무슨 문제가 있는지 말해줘요. 문제를 발견하면 해결하기 위해 열심히 노력할 거예요. 무엇이 문제인지 진심으로 알고 싶어요.

나는 초능력자나 예언가가 아닙니다. 만약 내게 사람을 꿰뚫어보는 능력이 있어도 당신의 이야기를 잠깐 듣고, "당신은 이런 사람이고, 이런 문제가 있다"라고 말하고 싶지 않아요. 그건 예의 없는 행동이거든요. 누가 누구를 판단하고 정의하나요.

오히려 당신에게 부탁하고 싶어요. 만약 다른 누군가에게 같은 질문을 반복한다면 아마 당신은 그에게 휘둘릴 거예요. 그러면 관계를 지속하기 어렵지요. 당신을 평가하고 판단한다고 느끼거든요. 관계가 자연스럽지 못하고 부담스러워서 멀리하게 될 거예요.

마음을 조금 편하게 가져요. 누구에게나 저마다의 문제가 있고, 고민하며 삽니다. 문제없는 척하는 것도 문제지만, 문제를 문제라고 말하는 것도 문제입니다. 문제라는 말 대신 다른 표현을 찾아보면 어떨까요.

'상처'라는 말은 어때요? 경우에 따라 받아들이는 의미가 다르겠지만 문제라는 말보다 나은 것 같아요. 문제는 고치거나 해결해야 하는데, 인생은 그렇게 간단하지가 않습니다. 하나의 과정을 마치고 다음 과정으로 들어가지 않아요. 하나의 과정으로 쭉 이어져 있지요. 마무리도, 완성도 없어요.

상처에는 치유나 치료라는 말을 쓰지요. 상처가 아물면 그대로 끝이 아니에요. 한번 상처 난 부위는 흉터가 남습니다. 겉은 멀쩡해 보여도 누르면 아플 수 있어요. 상처 부위가 약해져서 같은 곳을 두 번 다칠 수도 있고요. 상처에 완치는 없어요. 계속 조심하며 상처를 돌봐야 합니다.

그런 점에서 당신에게 문제가 없다고 말하고 싶어요. 다만 한 가지 부탁이 있어요. 자신 안의 상처를 스스로 발견하기를 바라요. 다른 사람은 절대 당신의 상처를 대신 찾아낼 수 없어요.

아파서 병원에 가면 의사에게 "내가 어디 어디가 아파요"라고 합니다. 의사는 여기저기 확인해보고 처방을 해줍니다. 그것이 자연스러워요. 아프다고 먼저 말해야 의사도 왜 아픈지 말해 줄 수 있거든요.

만약 의사에게 "내가 어디가 아플까요? 한번 말해보세요"라고 한다면 어떨까요? 이런 기가 막히는 일이 상담실 안에서 자주 일어납니다. 내담자가 원하기 때문이지요.

그러면 상담자가 교만해지기 쉽습니다. 나는 상담자가 무심코 내뱉은 말 한마디에 묶여서 오랜 시간 고통받은 내담자를 적지 않게 만나왔어요.

목회자, 상담자를 포함한 그 누구에게도 자신 위에 군림할 기회를 주지 마세요. 상처로 오랜 시간 고통받으면 약해져서 누군가에게 기대고 싶어요. 위로나 통찰력 있는 말 한마디를 해주면 그에게 의존하게 됩니다. 그런 일이 일어나지 않기를 바라요. 끝이 좋지 않거든요.

상담이나 심방을 받을 때나 기준을 최대한 낮게 잡으세요. 내가 모르는 상처를 누군가가 기가 막히게 발견해서 치유하는 게 아닙니다. 내 안에 내가 모르는 무언가는 없어요.

이미 충분히 아프고 힘든 문제를 함께 나누세요. 상담하는 과정에서 용기를 얻고 힘을 얻는 거예요. 상담자가 아무리 유능해도 소용없어요. 자기 자신은 결국 자신이 돌봐야 합니다.

내가 온전히 이해하지 못하는 나를 온전히 사랑해주실 분은 예수님밖에 없습니다. 같은 질문을 사람이 아니라 예수께 던지면 당신은 안전할 수 있어요. 그분은 당신 위에 군림하거나 당신의 약함을 이용하지 않으십니다. 당신이 의존하고 싶은 만큼 예수님을 의존하세요. 그럴수록 당신은 독립적이고 진취적인 사람이 될 겁니다.

상담자나 목회자마다 서로 다른 말을 한다면 답은 한 가지예요. 모든 말과 조언을 평정할 만한 가르침은 결국 그리스도의 말씀입니다. 사람에게 묻지 말고, 예수께 여쭈어요. 그분은 당신이 원할 때마다 딱 맞는 일관된 진리를 계속 말씀해주실 겁니다. 당신의 모든 것을 알고 계시니까요.

결론은 무조건 예수님인가요?

목사님이나 기독교 상담을 하는 사람들은 어떤 말로 시작하더라도 결국 "예수님을 바라보라"라고 말하는데, 솔직히 너무 쉽고 뻔한 대답 아닌가요? 아무도 반박할 수 없잖아요. 결론은 무조건 예수님인가요?

좋은 질문입니다. 나도 오랫동안 고민해온 문제거든요. 저 역시 말끝마다 "예수님, 예수님" 하는 사람들에 대한 시선이 곱지 못했어요. 예수님이 틀렸다는 말이 아니라 예수님이 왜 정답인지 알고 싶었어요.

상처로 고통받는 사람에게 "기도했어? 성경은 읽어? 그런데, 왜 그래?"라고 말하는 사람들이 있습니다. 솔직히 이런 태도로 대화하는 이들에게 예수님이 남용되고 있다는 생각도 했어요. 문제의 실체에 다가가지 못하고, 대충 덮어버리는 느낌이라고 할까요.

풀이 과정 없이 정답만 있는 답지를 보면 마음이 후련한가요? 그렇지 않아요. "뭘 그렇게 고민해? 이 문제 답은 3번이야. 빨리 채점해"라고 말한다고 가정해보세요. 답을 맞혀도 답답합니다. 맞고 틀린 게 중요한 게 아니라, 왜 그 문제의 답이 3번인지 알아야겠지요.

친절한 선생님은 정답만 설명해주지 않아요. 1번, 2번이 왜 답이 될 수 없는지 설명하지요. 그래야 논리적으로 생각하는 힘을 길러서 오답을 피해갈 수 있습니다. 나도 그런 방식으로 말해볼게요.

요즘 유행하는 '마음 챙김'과 '인지행동치료'라는 상담 방법론이 있어요. 아마 당분간 상당한 인기를 누릴 겁니다. 마음 챙김은 불교의 명상에서 시작됐습니다. 구글의 명상 전문가 차드 멩 탄이 《너의 내면을 검색하라》에서 '할머니의 마음'이라는 기법을 소개하지요.

스스로를 자애로운 할머니의 눈으로 바라보는 것입니다. 할머니의 눈으로 보면 각자는 모든 면에서 완벽하며, 할머니는 누군가 못된 짓을 해도 있는 그대로 사랑한다고요.

이 이론을 비난할 생각은 없지만 사람마다 할머니에 대한 정서가 다르다고 말하고 싶어요. 할머니는 절대적인 존재가 아니거든요. 내가 떠올린 할머니가 나를 있는 그대로 사랑해준다는 보장이 없습니다.

내담자 중에 할머니에게 학대를 받은 사람도 있고, 반감이나 두려움을 가진 사람도 있었어요. 눈 감고 따뜻한 할머니를 떠올리자고 하면 감정이 저마다 다를 거예요. 그러니 기법에 대한 효과도 다르겠지요.

인지행동치료의 기법을 한 가지 소개할게요. 인지오류에 빠져서 자신을 합리적으로 바라보지 못하는 사람에게 객관적으로 자신을 바라볼 수 있도록 도와줍니다.

내담자에게 '소중한 친구'가 찾아와 자신과 똑같은 고민을 털어놓는다면 뭐라고 말할까요? 소중한 친구니까 비난하거나 정죄하지 않고 이해해주고 공감해줄 거예요. 상담자가 내담자에게 "소중한 친구에게는 공감해주면서, 자신은 왜 비난하시나요?" 라고 되물으며 자신을 객관적으로 바라볼 수 있게 돕습니다.

그러나 사람마다 소중한 친구의 개념이 상대적이지 않을까요? 지금 당장 그 친구에게 전화를 걸어 자신이 생각하는 우정의 크기만큼 큰돈을 꿔달라고 말하면 어떤 일이 벌어질까요? 거절 당할지 모른다는 두려움이 앞서겠지요.

나를 있는 그대로 받아주는 친구는 상상 속에나 있어요. 실제로 존재하지 않습니다. 내담자 중에는 소중한 친구가 한 명도 없거나 친구에게 배신을 당한 사람도 있었어요. 친구는 친구일 뿐입니다. 우정은 언제든 깨질 수 있고, 아무리 소중한 친구라도 절대적이지 않아요.

내게 '따뜻한 할머니'와 '소중한 친구', 그리고 '예수님' 중에 누구를 택할 거냐고 묻는다면, '예수님'을 택할 거예요. 하지만 다른 사람에게 내가 믿는 답을 강요하고 싶지는 않습니다. 다만 합리적인 선택을 하게 돕고 싶어요.

다른 상담 이론을 무시할 의도는 없지만 있는 그대로의 자신을 사랑하기 위해 자애로운 할머니를 바라보자고 하면 웃음이 터질 것 같아요. 또 소중한 친구를 바라보자고 해도 썩 마음이 편치 않을 것 같아요.

하지만 내게 "예수님을 바라보자"라는 말은 설득력이 있어요. 할머니나 친구를 바라보자는 말보다 훨씬 듣기 좋아요. 예수님의 사랑은 절대적이에요. 세상이 무너져도 그분은 나를 사랑하십니다. 할머니와 친구에게 감히 비교할 대상이 아니지요. 그래서 나는 제안합니다.

"예수님을 바라보는 건 어때요?"

만약 당신이 성경에서 말하는 예수님을 믿게 된다면 당신 안에 기적이 일어날지 모릅니다. 언제나 어디서나 당신을 있는 그대로 사랑하는 그분을 만날 수 있으니까요.

사람마다 예수님을 다르게 말하겠지만, 성경은 한결같이 동일

한 그분을 말해요. 그 사랑은 변치 않고 영원합니다. 당신이 어
떻게 생각하든 나는 용기 내어 고백합니다. 결론은 '예수님'입
니다.

한 사람이 정말 중요한가요?

개인적인 질문에 일일이 답변해주는 것이 무슨 의미가 있을까요? 한 사람의 문제는 그저 한 개인의 문제일 수 있는데요. 다수를 위해 보편적인 이야기를 해주는 것이 효과적이지 않을까요?

나는 모든 사람을 위한 보편적인 질문은 존재하지 않는다고 생각해요. 아무리 거창해 보이는 질문이라도 결국 '한 사람'으로부터 시작하니까요.

오래전부터 그 한 사람을 위해 존재하고 싶었습니다. 다수를 위한 삶을 의도적으로 피했어요. '상처 입은 한 사람'을 위해 글

쓰고 말하는 것이 내 사명이 아닐까 고민하며 삽니다.

지극히 개인적인 이야기에 지극히 보편적인 이야기가 담겨요. 우리가 영화를 보고, 소설을 읽는 이유입니다. 등장인물이 개인적으로 겪는 이야기에 사람들이 공감하지요. 지어낸 이야기라는 것을 뻔히 알면서도 이야기에 빠져들어 울고 웃습니다.

내게 한 사람의 존재는 우주이며 온 세상이에요. 한 사람을 위해 글 쓰고 말하는 시간이 전혀 아깝지 않아요. 책을 쓰고, 설교하는 것도 대중을 위한 것은 아닐 겁니다.

"한 번 사는 인생인데, 꿈이 작다 못해 초라한 것 아니냐?"라는 억센 질문을 받을지 모르겠네요. 남 생각이야 어떻든 당분간 고집을 꺾지 않을 겁니다.

굳이 효율을 따지자면 한 사람을 위해 글 쓰고 말하는 것이 다수를 위해 하는 것보다 효율적이라고 생각해요. 목회 사역을 처음 시작하고 가장 난처한 것이 설교였습니다. 누구를 위해 어떻게 설교를 준비해야 할지 고민했지만 도저히 감을 잡을 수 없었습니다.

그러던 어느 날, 버스 정거장에 붙어 있는 광고 포스터를 우연히 보았어요. 매력적인 여성이 정면을 보고 찍은 화장품 광고였어요. 사진 속 그녀는 정면을 바라보고 있어서 버스 정거장 어디에서도 그 시선을 피할 수 없었습니다. 그녀의 시선이 렌즈를 빗나갔다면, 나 역시 피할 수 있었을 거예요.

그때 책상에 앉아 머리에 쥐가 나도록 고민해도 풀리지 않던 의문이 풀렸어요. 이전까지 나는 연령과 직업, 취향 같은 것으로 청중을 분류했어요. 숫자처럼 모두 더하고 나누어 평균을 내는 방식으로요. 치명적인 실수였지요. 나는 청중을 짐작했을 뿐 정확히 몰랐습니다.

어리석게도 그 자리에 없는 다른 누군가를 위해 설교한 겁니다. 이후부터는 과감히 설교 준비부터 설교하는 순간까지 단한 사람을 위해 준비하고 전했습니다.

한 사람을 위한 설교는 아무도 배제하지 않아요. 누군가가 '아, 저건 내 이야기다. 어떻게 내 마음을 저렇게 잘 알지?'라고 생각한다면 아마 그 자리에 있는 다수의 사람 역시 같은 마음이지 않을까요?

글을 쓰기 시작할 때도 독자가 누구인지 몰랐어요. 처음 설교할 때와 같은 실수를 반복했지요. 독자를 더하고 나누면서 짐작했어요. 평균치의 독자를 예상하고 글을 썼어요. 아무도 읽지 않는 글을 쓰느라 적지 않은 시간을 낭비했습니다.

하나님은 일련의 과정을 통해, 한 사람을 바라보고 글을 쓸 수 있도록 이끌어주셨어요. 그러자 사람들이 공감해주기 시작했지요. 참 알 수 없는 일이죠. 한 사람을 위해 쓴 글이 다수에게 읽히다니요.

그래서 나는 한 사람의 지극히 개인적인 질문에 성실히 답합니다. 진심을 담아 답변하고, 그가 도움을 받았다면 만족합니다. 아마도 다수를 위해 글을 쓰고 말하는 날은 내 인생에 없을지도 모릅니다. 지금 나는 오직 한 사람을 위해 존재하고 싶습니다.

2부

마음을 돌보는 기술

: 있는 모습 그대로 바라봐요

용서 못 하는 나 자신이 싫어요

상처 준 사람을 용서하는 게 말처럼 쉽지 않네요. 하나님께 죄를 짓는 것 같고, 용서 못 하는 나 자신이 싫습니다. 오랫동안 이 문제에서 도망 다녔지만 벗어나지 못했어요. 용서하고 싶은데 용서할 수가 없네요.

용서 못 하는 자신을 용서해주세요. 용서는 과정이지 성취가 아닙니다. 용서해야겠다고 생각한 순간부터 용서가 시작된 겁니다. 조급하지 않았으면 좋겠어요.

용서를 시작했으니 용서하는 과정에서 자신을 정죄하면 안 됩니다. 상처받은 사람은 당신입니다. 당신은 가해자가 아니라 피해자입니다.

용서하지 못했다는 자책은 감정에서 비롯되었을 겁니다. 마음으로는 용서하고 싶은데 상처 준 사람과 그 사건이 기억나면 분노가 일어나지요. 하지만 감정이 남았다고 해서 용서하지 못한 게 아닙니다. 감정과 용서는 서로 다릅니다.

용서는 이미 해낸 일이고, 감정은 지금 마주한 현실입니다. 불편한 감정이 남았다고 용서를 못 한 게 아닙니다. 용서해도 불편한 감정은 남아요. 감정과 용서를 구분하세요. 그래야 상처에서 벗어날 수 있습니다.

용서는 끝나도 감정은 남습니다. 감정을 없애려 하지 마세요. 그것은 사라지지 않습니다. 억누르고 숨기면 더 강해지고, 드러내서 표현하면 사라지는 게 감정입니다.

그렇다고 막무가내로 표현하지는 마세요. 격한 감정을 사람에게 표현하면 부작용이 있습니다. 안심할 수 있는 상대를 찾으세요. 예수님입니다. 그분께 마음껏 표현하세요. 격한 감정이 누그러질 때까지요. 예수님은 하품 한 번 안 하고 끝까지 들어주십니다.

용서하고 싶은데 감정 때문에 고통받고 있다면 이미 용서한 겁니다. 이제부터 자신의 불편한 감정을 돌보세요. 참지 말고 표현하세요. 예수님에게 표현하다보면 감정마저 편안해질 날이 올 겁니다. 불편한 감정을 느끼는 동안 자책하지 말고 기다리세요. 용서하고 싶은 당신을 예수님은 기뻐하십니다.

내 상처가 뭔지 알아요

내 안의 상처가 뭔지 알아요. 오랫동안 고통받았거든요. 하지만 마주하고 싶지 않아요. 두려워서 엄두가 안 납니다. 회피하고 있는데 언제까지 버틸 수 있을지 모르겠어요.

되묻고 싶은 질문입니다. 정말 당신의 상처가 무엇인지 알고 있나요? "내 문제는 이것이다. 나는 지금 회피하고 있다"라는 말에는 문제에 대해 알고 있다는 전제가 깔려 있습니다. 하지만 실제로 문제가 무엇인지 안다면 회피하지 않을 거라는 생각이 들어요.

문제를 정확히 모르기에 더욱 두려운 게 아닐까요? 실체를 보지 못하면 상대적으로 두렵거든요. 그림자가 두려워 도망치면 실체를 볼 수 없습니다. 직접 가서 확인해봐야 곰 인형인지, 실제 곰인지 알 수 있는 것처럼요.

"빙산의 일각"이란 말이 있습니다. 수면 위에 드러난 빙산은 전체 빙산의 10퍼센트 정도입니다. 눈에 보이는 빙산이 아무리 선명해도 빙산의 뿌리는 수면 아래 깊이 가라앉아 있습니다.

눈에 보이는 빙산의 일부를 보며, "저것이 빙산의 전체다"라고 말하는 건 위험합니다. 수면에 드러난 빙산을 피했다고 안심하다가 빙산의 뿌리에 걸려 배가 가라앉습니다.

상처를 알고 있다고 생각하지 말고 모른다고 생각해주세요. 그래야 궁금하겠지요. 지금부터라도 관점을 바꿔보세요. "나는 아직 나 자신을 모른다. 몰라서 두려운 것이다"라고 생각하면 자신을 돌보기도 쉽습니다.

나도 모르는 나 자신을 주님께 돌봐달라고 하세요. 주님은 따뜻하게 돌봐주십니다.

외롭지만 애써 괜찮은 척해요

청년부 소그룹 리더입니다. 교회 공동체는 건강하고 좋습니다. 사람들과의 관계도 나쁘지 않아요. 그런데 내 이야기를 다른 누군가에게 꺼내지 못합니다. 애써 괜찮은 척하지만 가끔 너무 외롭습니다. 다만 혼자 기도할 때, 주님께 털어놓습니다.

외로운 감정은 사라지는 감정이 아닙니다. 누구나 외로움을 느낍니다. 그러니 문제라고 생각하지 않으면 좋겠어요. 어쩌면 외로움은 기회일지 모릅니다. 그 감정을 혼자 간직하지 않고 예수님에게 가져가고 있잖아요. 외로울 때마다 주님을 찾는다면 걱정하지 않아도 됩니다.

나도 외로운 감정을 거의 종일 느낍니다. 이 감정은 누가 옆에 있다고 해서 사라지지 않거든요. 내 가정은 행복합니다. 아내와 잘 지내고, 아이들은 내게 말할 수 없는 행복을 줍니다. 그래도 외롭습니다.

내게 문제가 있는 걸까요? 아닙니다. 외로운 감정은 성장을 위해 꼭 필요합니다. 만약 주변 사람들과 잘 지내면서 외롭지 않다면 하나님을 찾지 않을지도 모릅니다. 부족함을 느낄 수 없으니까요.

우리가 세상 모든 사람과 더불어 행복할지라도 근원적인 결핍은 결코 채워지지 않습니다. 사랑하는 사람과 함께 있어도 외로울 수밖에 없어요. 하나님으로만 채워져야 하는 빈자리가 있기 때문이지요.

지금처럼 주님께 시시콜콜 다 말하세요. 아무리 사소한 이야기라도 그분께 가져가세요. 그러면 안전합니다. 외로움을 돌보면서 성장하고 있는 겁니다.

가끔은 말할 수 없이 외로울 수 있지만 걱정 마세요. 주님이 안아주십니다. 감정이 당신을 속일지라도 절대 속지 마세요. 당신은 혼자가 아닙니다. 언제나 주님이 함께 계시니까요.

강박증에서 벗어나고 싶어요

뜻대로 일이 풀리지 않으면, 나도 모르게 아무 연관 없는 행동을 하면서 불안을 달래요. 남편이 평소보다 늦게 들어오면, 교통사고가 난 게 아닐까 두려워요. 그러면 나도 모르게 '내가 지금 이 컵을 이쪽에서 저쪽으로 옮기면 남편이 문을 열고 들어올 거야'라고 생각해요. 아무 상관이 없다는 걸 알면서도 강박적인 생각과 행동을 멈출 수가 없어요.

한 가지 묻고 싶어요. 자신이 강박증이라고 결론을 내린 근거가 무엇인가요? 병원에 가서 진단을 받은 건가요, 아니면 상담 센터에서 전문상담사가 말해준 건가요? 만일 그런 경우라면 지속적인 치료를 받기를 권합니다.

하지만 만약 전문적인 진단을 받았을 때, 문제가 없다는 판정을 받았고, 스스로 강박증이라는 진단을 내렸다면 이야기는 달라집니다. 모든 사람에게는 크고 작은 강박 증세가 있습니다. 나도 자동차를 삐뚤게 주차하면 마음이 편치 않아요. 다시 시동을 켜고 신을 맞춥니다.

모든 사람이 그러니까 괜찮다는 건 아닙니다. 당신의 문제를 가볍게 여기는 건 더욱 아닙니다. 다만 다른 관점으로 강박을 바라보면 어떨까요. 스스로를 강박증 환자로 여기는 순간부터 자신을 뜯어고치려 할 겁니다. 하지만 당신은 기계가 아니라 사람입니다.

강박적인 생각을 하면 자책합니다. 물건이 아니니 버리지도, 고칠 수도 없습니다. 자포자기한 채로 삽니다. 괴로운 시간을 보내게 되지요. 강박증 환자라고 스스로 정의 내리지 마세요. 강박적인 생각보다 중요한 건 자기 자신을 바라보는 관점입니다.

진단과 치료를 위한 목적으로는 진단명이 필요하다고 생각합니다. 전문가들끼리 내담자의 정보를 공유할 때 편하겠지요. 내담자를 설명하기 위한 많은 말을 생략하고 한 단어로 표현할 수 있으니까요. 그러나 나는 상담실 안에서 내담자와 대화할 때 진단명을 사용하지 않습니다.

우울증, 불안장애 등의 표현을 쓰기 시작하면 내담자가 자신을 환자로 취급합니다. "나는 강박증이다"라고 여기면, '라벨링'(labeling)이라는 인지 오류에 빠질 위험이 있어요. "나는 환자야. 환자니까 그래"라고 규정하면 치료 기간이 길어집니다.

내담자가 상담실에 들어오기 전에 자가 진단을 내린 경우도 많아요. 하지만 정확하게 진단을 내려보면 아닌 경우도 많습니다. 자신을 특정 진단명으로 정의 내린 후부터는 그 안에 머물 수 있어요. 우울증이나 불안장애라는 진단명 안으로 쏙 들어가버리면 밖으로 빼내기가 더 힘들지요.

"나는 강박증이 있다. 나는 우울증이 있다"라고 생각하지 말고 관점을 바꿔보세요. "내 안에 결핍이 있다. 그것이 자꾸 강박적인 사고를 하게 만든다"라고 말입니다.

같은 말이라도 자신을 대하는 자세가 달라집니다. 자신을 고치려 들지 않지요. 자신의 결핍을 돌보고 싶습니다. 자신을 뜯어고쳐야 할 사람이 아니라 돌봐줘야 할 사람으로 봅니다.

강박적인 사고를 할 때마다, "너, 또 그랬네!"가 아니라 "나 또 왜 이러지?"라고 다르게 바라보면 일단 성공입니다. "무엇 때문에 이러지? 무엇 때문에 불안하고 무섭지?"라고 질문에 질문이 꼬리를 물면 좋은 방향으로 나아갈 수 있어요. 결국 두려움의 실체와 마주하게 될 테니까요.

그림자만 봐도 놀라는 상황에서는 실체에 다가갈 수 없습니다. 실체가 두려워 그림자조차 쳐다보고 싶지 않은 겁니다. 미리 놀랄 필요 없습니다. 실체를 확인하고 놀라도 늦지 않아요.

그림자의 주인이 곰 인형인지, 실제로 굶주린 야생 곰인지 일단 가까이 가서 확인해봐야 합니다. 나는 곰돌이 인형에 여러 번 놀랐습니다. 아직까지 실제 야생 곰을 본 적은 없습니다.

자신을 강박증 환자로 정의 내리지 말아주세요. 강박이 아니라 결핍이 있는 겁니다. 고치려 하지 말고, 돌봐주세요. 시간이 오래 걸리지만 포기하지 마세요.

자해를 했어요

남자친구와 헤어졌어요. 내 손목에 칼로 자해를 해요. 피가 맺힌 걸 보면 마음이 놓인다고 할까요. 그러다 엄마에게 들켰어요. 엄마가 내 등짝을 때리며 울고불고하는데, 오히려 나는 마음이 편했어요. 누구라도 알아줬으면 좋겠어요. 내가 얼마나 아픈지를.

힘든 시간을 보내고 있군요. 당신의 힘든 마음, 사람은 몰라도 주님은 아십니다. 사람은 모른다는 표현에는 당신도 포함됩니다. 당신은 지금까지 자신이 얼마나 외롭고 힘든지 모르고 살아왔을 거예요. 아마도 의지할 사람을 찾거나 다른 일에 몰두함으로 외로움을 잊으려 했을 겁니다.

남자친구와 헤어졌을 때, 당신이 선택한 행동은 당신의 모든 세계가 무너졌다는 것을 뜻합니다. 이별의 책임을 자신에게 돌리며 스스로 비난하고 있군요. 공격 대상이 상대가 아니라 자기 자신입니다. 물론 공격 대상이 상대방이어도 안 되지요. 아무도 공격하지 말고 수용해야 합니다.

이별에는 서로의 이유가 있어요. 아무도 일방적으로 잘못하지 않아요. 아무리 사실이 아니라고 말해도 소용없겠지요. 이별이 주는 고통은 말로 표현할 수 없으니까요.

당신은 하루아침에 극단적인 행동을 한 게 아닙니다. 지금까지 누구에게도 말할 수 없었을 겁니다. 말할 사람조차 생각나지 않았을 거예요. 슬픔을 어떻게 표현해야 할지 몰라 답답할 겁니다. 아픈 마음을 표현하는 방법을 몰라서, 자신을 파괴하는 행동을 선택한 겁니다.

엄마가 그 장면을 목격했을 때, 당신이 느낀 감정에 주목해보세요. 마음이 편해졌다는 건 상황과 맞지 않는 독특한 감정입니다. 감정을 말로 표현하지 않고 행동으로 보여준 거니까요.

주변에 마음 터놓고 말할 사람이 정말 없을까요? 단 한 사람이라도 당신을 지켜줄 사람이 있기를 바랍니다. 남자친구와 헤어진 슬픔 때문에 일시적으로 자신을 고립시킨 것이기를 바랍니다. 마음의 문을 열고 밖으로 나갔을 때, 한 사람이라도 당신의 마음을 알아주기를 바랍니다.

만약 생각나는 사람이 없다면 전문적인 도움을 받으셔야 합니다. 상담이나 치료를 받기를 부탁드려요. 손목의 상처보다 마음의 상처가 심각합니다. 잠시라도 자신을 돌볼 시간을 가지세요.

당신이 얼마나 아픈지 당신 스스로 모릅니다. 당신이 표현하지 않으니 다른 사람도 모르지요. 그러나 절망할 필요는 없습니다. 사람은 몰라도 주님은 아십니다.

당신이 다른 누군가를 찾기 전에 목사인 내게 질문한 이유가 있겠지요. 나는 그에 맞게 대답하겠습니다. 당신의 모든 감정을 예수님에게 표현하세요. 서툴게라도 표현하다보면 언젠가는 사람들에게도 편안하게 자신의 감정을 말할 수 있을 거예요. 힘들어도 포기하지 말아주세요.

아빠에게 소리를 질렀어요

아빠가 큰 수술을 세 번이나 받았어요. 병원에서는 더 이상 술을 마시면 위험하다고 했어요. 그런데 엄마가 속상해서 내게 전화를 했어요. 아빠가 또 술을 마셨다고요. 처음으로 아빠에게 소리를 질렀어요. 이제 그만하고 싶어요. 더 이상 버틸 힘이 없어요.

먼저 당신을 위로하고 싶습니다. 삶의 무게가 느껴집니다. 아버지에게 소리를 질렀다는 사실로 자책하지 않기를 바랍니다. 아버지도 아마 아실 거예요. 딸이 아빠를 사랑하니까 걱정돼서 그런 거라고.

엄마가 딸에게 전화를 했다는 사실은 여러 의미가 있을 것 같아요. 조심스럽게 추측해봅니다. 딸에게 도움을 요청하신 것 같아요. 아빠가 술을 마셨다는 사실을 정보로서 알려준 것은 아니겠지요. 문제를 해결해달라고 부탁하셨다면 당신의 어깨는 무겁습니다.

엄마의 전화를 받고 곧바로 아빠에게 전화를 걸어 소리를 질렀다는 것은 당신이 엄마를 도와줬다는 의미가 있어요. 엄마가 아빠에게 아무리 말해도 소용없으니까 딸에게 도와달라고 한 겁니다. 당신은 해결사 역할을 한 거예요.

나는 아빠에게 소리를 지르고 나서 당신이 느끼는 감정에 주목하고 싶습니다. 당신은 "아빠가 술을 마셔서 실망스러워요"나 "아빠가 술을 마셔서 정말 화가 나요"라고 말하지 않았어요.

당신은 "이제 더 이상 못하겠어요. 버틸 수 없어요"라고 말했습니다. 현재 상황에 책임을 느끼고 있다는 뜻입니다. 감당할 수 없는 무게가 느껴집니다.

당신은 건강을 챙겨야 할 때 술을 마신 아빠, 딸에게 도움을 요청한 엄마를 돌보고 있습니다. 하지만 당신을 돌봐줄 사람이 없습니다. 자신을 돌보지 않는다면 무너질 수밖에 없습니다.

아빠가 병원에서 세 번의 수술을 받는 동안 당신은 병원 밖에서 얼마나 힘든 시간을 보냈을까요. 아빠는 아빠대로, 당신은 당신대로 힘든 시간을 보냈습니다. 당신은 어떻게든 아빠를 살려보고 싶은 거예요. 진심 어린 사랑이 느껴집니다.

하지만 당신 자신도 돌봐주세요. 병원 밖에서 걸어 다닌다고 해서 멀쩡한 게 아니에요. 두 발에 모래주머니, 어깨에 쌀가마니 짊어지고 다니면 온몸이 상합니다. 무거운 짐을 내려놓아야 합니다. 그래야 살 수 있어요. 어떻게 돌보라는 것인지 궁금할 거예요.

자녀가 부모님을 책임지는 것은 당연하지만, 지금 당신에게는 다른 말을 하고 싶어요. 부모를 책임지지 마세요. 부모님에 대한 모든 책임과 의무를 예수님에게 떠넘기세요. 그리고 홀가분해지세요. 말처럼 쉽지 않지만 아무리 힘들고 어려워도 이를 악물고 해내야 합니다. 그래야 조금이나마 자신을 되찾을 수 있어요.

급류에 휩쓸린 사람을 구하려면 물살 밖에 있어야 합니다. 앞뒤 생각 안 하고 구해준다고 뛰어들면 같이 떠내려갑니다. 급한 마음에 물에 빠진 사람에게 나오라고 소리를 질러도 소용없습니다. 급류에 휩쓸린 사람은 혼자 나올 수 없습니다.

물 밖으로 소리를 질러야 합니다. 구해줄 사람을 찾아야 합니다. 예수님에게 살려달라고 소리치세요. "우리 아빠 엄마, 살려주세요!"라고 목이 쉬도록 소리 지르세요.

예수님이 "내가 책임지겠다"라고 한마디만 해주시면 당신은 자신의 삶을 되찾을 수 있습니다. 부모의 자리를 빼앗지 마시고, 딸의 자리로 돌아가세요. 부모님은 하나님이 책임지십니다.

자식 된 도리를 하지 말라는 게 아니에요. 최선을 다해 부모님을 돌봐주세요. 하지만 지금과 같은 방식은 아닙니다. 당신을 먼저 돌보세요. 주님께 넘치는 사랑을 받으세요. 기도 시간만이라도 모든 책임을 주님께 떠넘기고 잠시 쉬세요. 그래야 부모님을 오랫동안 돌볼 수 있습니다.

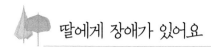

딸에게 장애가 있어요

어릴 적에 아빠가 일찍 돌아가셔서 엄마의 스트레스를 내가 다 받으며 자랐어요. 엄마로부터 탈출해야겠다는 마음으로 결혼을 했어요. 그런데 막내딸에게 장애가 있어요. 아이가 태어나는 순간부터 내 인생이 망가졌어요. 지금은 숨쉬기조차 힘드네요.

누구의 도움도 없이 딸을 키우면서 혼자 다 하고 있어요. 딸에게 스트레스를 풀고 있는 건 아닌지, 상처가 대물림되는 건 아닌지 걱정됩니다. 아이들을 사랑으로 보듬어줄 수 없어서 죄를 짓는 것 같아요.

당신이 겪는 고통은 이루 말할 수 없을 거예요. 몸이 불편한 아이를 키우며 힘든 시간을 보내는 내담자를 만난 적이 있어요. 아이에게 미안하다며 흐느껴 우는 모습에 나도 따라 울었어요. 자신 때문인 것 같다고 자책하더군요.

아픈 자녀를 돌보는 과정에서 화내고 짜증을 부리는 자신을 보며 하나님 앞에서 죄책감을 느낀다고 했어요. 그분이 안고 있는 고통의 무게는 내 상상을 초월했어요.

가장 먼저 하고 싶은 말이 있어요.

"당신은 지금 최선을 다하고 있어요. 죄책감을 느끼면 안 돼요."

덮어놓고 위로하는 게 아닙니다. 내 나름의 근거가 있어요. 내게 이런 질문을 한 이유는 좋은 엄마가 되고 싶은 마음일 거예요. 지금보다 나은 삶을 원하고, 아이들에게도 그런 삶을 선물하고 싶은 거예요. '아이들의 행복이 곧 내 행복'이라고 생각하기 때문이지요. 그보다 좋은 엄마가 있을까요? 나는 당신의 진심을 느낄 수 있습니다.

몸이 불편한 아이를 키우는 어려움은 몇 마디 위로의 말로 쉬워지지 않을 겁니다. 아픈 자녀를 돌보며 살기 위해서는 스스로를 잘 돌보며 살아야 해요. 그래야 지치지 않을 수 있습니다. 당신의 상처를 돌보면서 아이를 돌보세요.

당신의 아버지는 어린 시절 암 투병을 했고, 당신은 아버지에 대한 기억이 거의 없어요. 어머니는 자녀를 혼자 키우며 힘든 시간을 보냈고, 막내인 당신이 희생양이 되어 어머니의 스트레스를 받아주었고요. 어머니를 이해하는 마음과 원망하는 마음이 뒤섞여 혼돈의 시간을 보냈고, 결혼을 탈출구로 선택했지요.

당신이 자녀들에게 불편한 감정을 느껴서 아이들에게 짜증을 낼 때, 어머니와 자신의 모습이 겹쳐지는 것 같아요. 자녀를 키우다보면 아이가 아프지 않아도 짜증이 나고 화나는 상황은 어쩔 수 없습니다.

아픈 아이에게 짜증 내고 화내도 괜찮다는 말이 아니라 그만큼 육아가 힘들다는 거지요. 지금보다 나은 삶을 살고 싶은 당신의 욕구 깊은 곳에는 어머니처럼 아이들을 키우고 싶지 않다는 생각이 자리 잡고 있습니다.

당신의 몸과 마음이 지쳐서 아이들에게 짜증을 내고 있을 때, 그 장면을 바라보시는 하나님은 어떤 표정이실까요? 인상을 찌푸리며 화난 표정을 지으실 거라고 생각한다면, 당신은 그분을 오해하고 있는 거예요. 아마 슬픈 표정으로 당신을 바라보실 것 같아요. "내 딸, 너무 힘들어 보인다. 많이 힘들지? 네게 힘이 되고 싶구나"라고 말씀하시지 않을까요?

당신은 당신의 어머니처럼 아이들을 키우지 않을 거예요. 예수님처럼 키울 거예요. 당신이 부족하니까 엎드려 하나님께 도와달라고 간절히 기도하고 있어요. 하나님께서 그 기도를 받으실 겁니다.

부모가 최선을 다해도 부족한 것이 있어요. 어떤 부모가 자녀들 앞에서 떳떳하겠어요. 예수님을 사랑하는 부모가 낙심하지 않는 이유는, 하나님께서 우리 자녀를 책임지신다는 믿음 때문입니다. 부모인 우리를 돌보시면서 자녀들도 돌봐주실 거예요.

당신 역시 하나님의 자녀라는 사실을 기억해주세요. 그분 앞에 서만큼은 무너져도 괜찮아요. 상처로 고통받는 우리를 돌보며 이끌어주시듯 당신의 딸아이는 그분이 돌보고 사랑해주실 거예요. 예수님의 사랑과 말씀으로 자신을 먼저 돌봐주세요. 자신을 돌볼 수 있어야 자녀를 돌볼 수 있으니까요.

남자 품에 안기고 싶어요

제대로 된 연애를 한 번도 못 해봤어요. 남자 품에 안겨 사랑받고 싶어요. 외로움을 못 이겨 음란물을 보게 되고, 자위도 해요. 하고 나면 죄책감을 느껴요. 그런데 정작 호감이 가는 남자가 다가오면 거리를 두고 경계합니다.

스스로를 정죄하지 않길 바랍니다. 죄책감 없이 마음껏 즐기라는 말이 아닙니다. 죄라는 것을 인식하고 있고, 죄책감으로 고통받고 있고, 죄에서 벗어나고 싶다고 하니까 하는 말입니다.

당신이 보내준 사연에 '결핍'이 보입니다. 살아오면서 누군가에게 안정적이고 따뜻한 사랑을 받지 못한 것 같아요. 가족마저도 사랑해주지 못한 것 같습니다. 나는 제한된 정보를 가지고 추측할 뿐입니다.

나름의 근거가 있어야겠지요. 질문 안에 근거가 있습니다. 당신은 아직 연애를 못 해봤다고 했어요. 외로움을 느끼면서도 정작 호감이 가는 남자를 만나면 멀리 도망갑니다. 이성과의 관계가 불편하고 서툰 겁니다. 그 안에 무엇이 들어 있는지 들여다봐야 합니다. 그래야 돌볼 수 있어요.

자신을 음란물을 보면서 죄를 짓는 나쁜 사람, 반복해서 죄를 짓는 어리석은 사람으로 만들지 마세요. 그러면 벗어날 수 없습니다. 다른 관점으로 바라보면 어떨까요.

죄짓는 행위 자체를 평가하지 말고, 왜 그런 행위를 하는지 살펴보는 거예요. 그 중심에는 외로움이 있습니다. 이 감정을 다룰 수 있어야 외로워서 반복하는 행위를 변화시킬 수 있어요.

배고픈 꼬마 아이가 있습니다. 집에서 밥을 주지 않아요. 부모는 종일 일하느라 바쁩니다. 아이가 밥을 먹었는지, 굶었는지도 모릅니다. 아이는 혼자 밥을 지어 먹기에는 너무 어렵습니다.

밥을 안 주면 굶어야 해요.

배고픈 아이는 터벅터벅 문방구 앞에 갑니다. 친구들이 빨갛고 파란 불량식품을 나눠줍니다. 입에 넣고는 충격을 받습니다. 자극적인 맛이에요. 머리가 띵합니다. 그 맛에 정신이 팔려 불량식품을 허겁지겁 주워 먹습니다.

아이가 거울을 보다가 깜짝 놀랍니다. 입술이 새파랗게 물들었습니다. 물로 닦아도 지워지지 않아요. 엄마에게 혼나지 않을까 무섭습니다. 그대로 주저앉아 울며 후회합니다. 호주머니에 남은 사탕을 쓰레기통에 버리고, 불량식품을 먹지 않겠다고 결심합니다.

울다 지친 아이가 집에 도착합니다. 집에는 평소처럼 아무도 없습니다. 밥솥도 비었습니다. 아이는 혼자 누워 있다가 일어섭니다. 불량식품의 자극적인 맛이 그립습니다. 그러면 안 된다는 걸 알면서도 발걸음을 멈출 수 없어 문방구를 향해 뚜벅뚜벅 걷습니다.

배고픈 아이에게 필요한 건 회초리가 아니라 따뜻한 밥 한 그

룻입니다. 입술이 파란 아이를 찾았다면 불량식품을 왜 먹느냐고 다그치지 마세요. 사랑으로 안아주시고 데려다가 잘 먹이세요. 따뜻한 밥을 잘 챙겨 먹은 아이는 불량식품을 먹지 않습니다.

이제부터 자신을 돌보세요. 그때는 어려서 아무것도 몰랐지만 지금은 당신 자신을 스스로 돌볼 수 있어요. 말처럼 쉽지 않을 거예요. 그래서 예수님이 오신 겁니다.

예수님 앞에 나아가서 외롭다고 우세요. 자신을 안아달라고 기도하세요. 더 이상 불량식품에 매달리지 않게 해달라고 말하세요. 예수님이 매일 따뜻한 밥을 지어주실 겁니다. 시간이 오래 걸리니까 조급해하지 말고 매일 잘 챙겨 먹어요.

남자가 무서워서 피해요

고등학교에 다닐 때, 남자 선생님에게 성추행을 당했어요. 그
이후로 그 나이대의 남성을 만나면 무서워서 피하고 배척해
요. 그들이 아무 잘못이 없다는 걸 알지만 사랑의 마음으로
감싸지 못해요. 결국 잘못을 내게 돌리게 돼요.

당신은 아무 잘못이 없습니다. 자신을 탓하지 말아주세요. 선
생님에게 성추행을 당한 것도, 남성을 피하는 것도 당신의 잘못
이 아닙니다.

상처에서 벗어나고 싶다면 가해자가 되면 안 됩니다. 먼저 피
해자가 되세요. 과거에 머물면서 고통스럽게 살거나 다른

사람을 탓하며 살라는 말이 아닙니다. 과거를 덮어두지 말고, 제대로 살펴보고 확인해달라는 부탁입니다.

지금이라도 늦지 않았으니 가해자를 처벌해야 합니다. 그런 끔찍한 일을 저지른 사람은 아무리 시간이 흘러도 죗값을 치러야 하니까요. 한 여자의 인생을 파괴한 사람을 그대로 내버려두면 안 됩니다.

다만 선택권은 당신에게 있습니다. 어떤 선택을 하든 당신이 옳습니다. 나는 그 선택을 존중합니다. 당신이 겪은 일은 오직 당신만이 결정할 권리가 있어요. 다른 사람은 조언만 해줄 뿐 이래라저래라 할 권한이 없습니다.

나는 상담하는 사람이니 당신의 상처에 집중하겠습니다. 가해자를 처벌하지 않기로 결정을 내렸다면 당신도 처벌하지 말아주세요. 가해자는 자유롭게 풀어주고, 피해자인 자신을 결박하고 짓누르면 안 됩니다.

과거를 수용한다는 말은 그 사실 자체를 인정하는 겁니다. 사건에 대한 기억은 시간이 흘러도 잊히지 않습니다. 그래서 기억 자체를 지우려는 시도는 늘 실패하지요. 지우려고 할수록 고통받습니다. 기억을 도려낼 수 없습니다.

기억을 바꿀 수 없다면, 기억을 대하는 태도를 바꿔야 합니다. 기억 자체가 아니라 기억이 불러오는 감정에 집중하세요. 기억은 혼자 오지 않습니다. 공포나 죄책감 같은 감정을 데리고 오지요. 무서운 감정의 손을 잡고 싱글벙글 다가옵니다. 기억은 피해자의 인생을 파괴할 생각에 설렙니다.

기억이 데려오는 감정을 쳐다보지 마세요. 그럴수록 무섭습니다. 감정은 대사가 없어요. 한마디도 못 합니다. 그러니 기억을 마주 보고 당당하게 말하세요.

"공포나 죄책감 없이 혼자는 못 오지? 혼자 오면 너는 아무것도 아닌 걸 알지? 다음에는 혼자 와봐. 그럼 넌 아무것도 못 할걸."

기억이 자존심이 상해서 날뛰기 시작할 거예요. 나 혼자서도 겁을 줄 수 있다고 말할 거예요. 그러나 두려워 마세요. 기억은 비겁해서 절대 혼자 오지 않아요. 혼자 오면 당신을 파괴할 수 없다는 사실을 알기 때문이죠.

기억이 붙든 공포나 죄책감의 손을 놔버리면 기억은 고개도 못 들고 주눅이 들어 당신 곁을 빠르게 지나쳐버릴 거예요. 공포 영화 속 악당이 아니라 지나가는 행인으로 전락해버린 거죠.

비유로 말하다보니, 당신의 고통스런 문제를 가볍게 말한 것처럼 보일까 걱정됩니다. 나는 당신이 기억이 데려오는 감정으로 더 이상 고통받지 않기를 바랍니다.

과거는 지난 일이니까 잊고, 과거에서 벗어나 남자를 편하게 대하라는 말은 하지 않겠어요. 다만 소심한 부탁을 하겠습니다. 상처의 책임을 자신에게 떠넘기며 자책하지는 말아주세요.

남자가 그리워졌어요

이혼 후 아이들을 키우며 살고 있습니다. 아이들의 권유로 연애를 했고, 재혼 이야기도 오고 갔습니다. 하지만 상대 부모의 반대로 관계를 정리했어요. 힘든 일을 겪고 나서 하나님만 바라보고 살기로 결심했지요.

그런데 두 달 정도 지나 예상하지 못한 일이 벌어졌어요. 남자가 그리워졌어요. 누군가 곁에서 날 안아줬으면 하는 바람이 점점 심해졌지요.

세상 친구들은 참지 말고 다른 사람을 만나라고 하지만 단지 성적 욕구를 채우기 위해 만남을 갖는 건 좋지 않다고 생각해요. 운동도 열심히 하고 바쁘게 지내지만 혼자 있을 때 갑자기 그런 생각이 들면 힘들어요.

사실 어린 시절에 성폭행을 당했는데 가족에게 말하지 못했어요. 아빠는 술과 외도로 엄마에게 고통을 주었고, 오빠는 어려서 도와줄 거란 기대조차 없었지요. 전남편은 결혼하고 얼마 후부터 외도를 하더니 결국 날 떠났어요.

당신은 지금 남자가 그리운 게 아닙니다. 보호해줄 사람을 찾는 거예요. 하지만 내 말로 자신을 단정하지는 말고 받아들일 만큼만 받아들이세요.

당신은 초등학생 때 성폭행을 당했고, 아무도 도와주지 않았습니다. 그 사실을 지금도 숨기고 있고요. 끔찍한 일을 겪었지만 가족에게 말하지 않았습니다. 가족이 당신을 보호해줄 수 없다고 판단했기 때문이에요.

전남편은 잦은 외도로 당신에게 고통을 주었고, 결국 집을 나가 바람난 여자와 살림을 차렸어요. 당신을 보호해주기는커녕 상처를 주었지요.

이 모두 사실이라면 당신은 지금 사랑받고 싶은 거예요. 보호받고 싶은 겁니다. 성적인 만족을 원하는 게 아니라 외로운 자신을 누군가 안아줬으면 하는 거예요. 그 지점에 당신의 결핍이 있어요.

자신을 바라보는 관점을 바꿔보면 어떨까요. 남자를 원한다는 생각은 죄책감으로 이어지지만, 누군가에게 사랑받고 싶다는 감정은 자연스러운 것이니 정죄하지 마세요.

그리고 하나님이 당신을 어떻게 바라보실지 고민해주세요. 그분은 당신을 온전히 사랑하세요. 지금까지 상처받으며 살아온 당신을 보시며 마음이 많이 아프실 거예요.

당신은 보호해줄 사람 없이 최선을 다해 두 아이를 키우고 있어요. 누군가 찾아와 따뜻하게 안아주기를 바라는 건 자연스럽고 당연한 감정이에요. 다른 대안을 찾지 않는다는 점에서 올바른 방향을 잡았다고 생각해요. 외로움을 돌보는 과정은 힘들어요. 오래 걸려요.

외로운 자신을 정죄하지 말고 돌봐주세요. 당신은 누구보다 외로울 수 있어요. 그럴 때마다 예수님에게 안아달라고 부탁하세요. 그분은 따뜻하게 안아주십니다.

3부

신앙을 돌보는 기술

: 중심을 잃지 않으면 돼요

하나님의 위로와 자기 위로를
구분할 수 있나요?

기도하다가 힘들면 주님을 찾아요. 가끔은 따뜻한 위로를 받는 것 같아요. 그런데 어느 날 갑자기 혼란스러웠어요. '내가 너무 힘드니까 스스로를 위로하는 게 아닐까?' 하고요. 하나님이 주시는 위로와 자기 위로를 구분할 수 있나요?

두 가지를 극단적으로 나누는 건 위험한 생각 같아요. 신앙생활에서 정서는 중요해요. 우리는 로봇이 아니라 하나님의 형상을 닮은 고귀한 존재니까요. 자기 위로라도 필요한 사람에게 잘못된 신앙이라고 손가락질은 안 했으면 좋겠습니다. 물론 자기 위로가 아니라 하나님이 주시는 위로를 받기를 바라고요.

우리는 주님과 인격적으로 교제하기 위해 최선을 다해야 합니다. 적극적으로 말씀을 읽고 기도해야겠지요. 이 과정에서 주님이 기도에 응답해주실 수 있어요. 물론 그렇지 않을 수도 있고요.

하나님이 주시는 위로가 없을 때는 어떻게 해야 할까요? 속수무책으로 기다릴 필요는 없어요. 주님이 응답하시는 방법을 제한하지 마세요. 주님은 다양한 방식으로 일하십니다.

그동안 자신에게 은혜가 되었던 성경 구절 묵상을 추천합니다. 신비한 방식으로 말씀해주시지 않아도 걱정할 필요 없어요. 성경을 직접 읽으면서, 하나님의 말씀을 나 자신에게 들려주면 되니까요. 읽고 생각하세요. 그 말씀을 통해 위로받을 수 있다면 최선을 다해 위로받으세요.

하나님의 위로와 자기 위로를 구분하는 가장 결정적 지표는 "무엇에 근거한 메시지인가"라고 생각해요. 자기 생각에 근거한 메시지는 한계가 있어요. 하지만 복음적 가치에 근거한다면 엄청난 힘을 발휘할 거예요. 메시지의 근거가 무엇인가를 깊이 고민해보세요.

예를 들어, "너는 소중해. 너는 특별해"라는 메시지의 근거는 무엇일까요? 하나님을 모르는 사람도 이 메시지를 들으면 위로받을 거예요. 하지만 하나님을 믿는 사람이 이 메시지를 사용할 때는 의미가 다르지요. 자기 암시가 아니라 하나님의 말씀으로 들린다면 성공입니다.

조금 더 구체적으로 말하면, "너는 절대 끝장나지 않을 거야"라고 자기 암시로 사용한다면 주문에 불과할 거예요. 반대로 하나님께서 우리에게 하시는 말로 사용한다면 믿음의 고백이 될 수 있습니다. 그 문장 뒤에 보이지 않는 문장이 하나 더 있으니까요.

"너는 절대로 끝장나지 않을 거야. 하나님이 지켜주실 거니까."

메시지의 근거가 하나님이 되기를 바랍니다. 그러면 우리는 안전할 수 있어요.

크리스천은 착해야 하나요?

사람들과 어울리다보면 마음이 상하는 날이 있어요. 주고받는 말에 마음이 불편해도 괜찮다고 애써 말해요. 그래서 나도 모르게 사람들과 거리를 두게 돼요. 사람들을 만나는 게 싫어져요. 크리스천은 꼭 착해야 하나요?

결론부터 말하면, 착하면 좋지만 항상 착할 수는 없지요. 사람을 파괴하는 생각 중에 "해야만 한다"라는 당위적 사고가 있어요. 심하면 강박이 됩니다. "나는 착해야만 해. 다른 사람에게 절대 화내면 안 돼. 사람들이 날 싫어할 거야"라는 왜곡된 생각으로 고통받아요.

나는 여기서 복음과 종교의 차이를 말하고 싶어요. 종교에는 당위적 사고가 많아요. "해야만 한다"의 반복이지요. 의무감으로 종교생활을 하게 만들고, 의무를 다하지 못하면 죄책감을 느끼게 해요. 두려움으로 복종하게 만들지요. 두려워서 의무감으로 신앙생활한다면 종교생활을 하는 거예요. 종교는 교묘하게 사람을 짓누르지요.

반면에 복음은 은혜를 말해요. 하나님은 자격 없는 우리를 먼저 사랑하셨어요. 일방적으로 사랑하셨고, 우리는 그 사랑을 거부할 수조차 없었어요. 폭포수 같은 은혜가 쏟아져 내렸고, 우리는 그 덕분에 하나님의 자녀가 된 거예요. 은혜로 시작된 하나님과의 관계는 은혜로 지속되지요.

그 누구도 하나님과 우리 사이를 갈라놓을 수 없어요. 이것은 누구도 버림받을 수 없다는 말과 같아요. 우리는 그 감격으로 순종하는 겁니다. 순종은 사랑받은 사람의 자발적인 반응이지요.

변화된 삶은 사랑의 전제 조건이 아니라 사랑의 결과입니다. 사랑받은 사람의 반응이 곧 순종입니다. 이 순서가 매우 중요합니다. 순서가 바뀌면 우리는 파괴됩니다.

종교는 이 순서를 뒤바꿔 우리를 교묘하게 속여요. 자격을 갖춰야 사랑받을 수 있다고. 기대에 못 미치면, 자격을 잃을 것이라고 말해요. 하루아침에 버림받을 수 있는 거예요. 복음은 종교와 완전히 다릅니다. 복음은 진실이고, 종교는 거짓이죠.

다시 '착함'에 대해 말해볼게요. 먼저 착해야만 한다는 생각에서 벗어나야 해요. "해야만 한다"를 "하면 좋다"로 바꿔주세요. 있는 모습 그대로의 나 자신으로 살면 돼요. 솔직한 자신을 받아들이고, 사랑하면서 사는 게 복음적인 삶입니다. 안 그런 척 포장하는 삶은 종교적 삶이에요.

용기 내어 솔직하게 자신의 감정을 표현하세요. 그렇다고 상대방을 인격적으로 무시하라는 말은 아닙니다. 자신의 감정을 솔직하게 사람들에게 말하면 상대도 존중해줄 거예요.

"사실 아까 사람들 웃을 때, 같이 웃었지만 솔직히 기분 안 좋았어. 무시당하는 것 같아서. 네가 그럴 의도는 없었다는 건 알아. 그래서 마음에 담아두지는 않으려고."

상식이 있는 사람이라면 사과를 하겠지요. 문장을 자세히 살펴보세요. 상대방이 반박할 틈이 없어요. 비난이 아니라 표현이니까요. 하지만 세상에는 상식이 없는 사람도 있죠. 감정을 표현했다는 것 자체로 화를 내겠죠.

그런 사람과 마주하고 있다면 조용히 마음속으로 작별 인사를 하세요. 그리고 남은 시간 동안 상식적으로 대해주세요. 죄책감을 느끼면서 억지 사랑은 하지 마세요. 그건 다시 종교로 돌아가는 거예요.

용기가 필요했을 거예요. 솔직하게 고민을 말한 당신을 바라보시며 예수님이 기뻐하십니다. 하나님과 사람 앞에서, 있는 그대로의 자신을 당당하게 보여주세요.

하나님 앞에서는 그리스도의 희생으로 당당하고, 사람 앞에서는 그리스도의 사랑으로 당당하세요. 그리스도인의 정체성은 착함이 아니라 은혜에서 시작됩니다.

어떻게 도와줘야 하나요?

아끼는 후배와 대화하던 중에 심각한 말을 들었어요. 자신이 돌보고 있는 소그룹 멤버가 끔찍한 일을 겪었는데 어떻게 도울지 모르겠다고요. 직접 만나서 그에게 도움을 줄 수 있겠냐고 내게 물었는데 도저히 엄두가 나지 않아요.

만나시면 안 됩니다. 아끼는 후배의 부탁이니 거절하기 힘들겠지만 거절해야 합니다. 당신을 먼저 보호해야 하기 때문입니다. 그 이유는 '비밀 유지' 때문입니다. 비밀을 말한 사람 입장에서 비밀 유지가 깨지는 것은 재앙입니다. 모든 신뢰가 무너집니다.

멤버가 리더를 신뢰하여 비밀을 말했는데 그것을 다른 이에게 말한 겁니다. 아무리 좋은 의도라고 해도 자신의 이야기를 누군가에게 전했다는 사실을 아는 순간, 비밀을 말한 사람은 충격을 받아요. 평소 리더에 대한 신뢰가 어느 정도냐에 따라 결과는 다르겠지만 대부분은 배신감에 관계를 끊습니다.

공동체의 흔한 실수입니다. 서로 기도해준다는 명분으로 비밀을 마구 퍼뜨립니다. 비밀은 반드시 지켜줘야 해요. 절대 퍼뜨리면 안 됩니다. 한 명의 진실 된 기도가 백 명의 기도보다 낫습니다.

지금 당신에게 가장 중요한 사람은 후배가 부탁한 사람이 아니라 후배입니다. 그러니 그에게 집중하세요. 그에게 필요한 건 해결책이 아니라 공감입니다. 후배가 해결하지 못한 것을 대신 해결해준다고 언니 노릇을 하는 게 아닙니다.

좋은 리더는 대신 해결해주지 않고, 방향을 제시합니다. 선택은 당사자에게 맡겨야 해요. 절대 설득하지 마세요. 후배가 직접 해결할 수 없는 상황이니 전문가의 도움을 받는 게 어떻겠냐고 제안해보세요. 두 사람의 전문가가 있습니다. 목회자와 상담자입니다.

교회 공동체 안에서 벌어진 일이니 목회자에게 도움을 받아야
합니다. 이것은 목회자에게는 비밀을 모두 말해도 된다는 뜻이
아닙니다. 비밀의 내용을 말할 필요는 없습니다. 상황만 설명
해도 됩니다.

소그룹 리더가 멤버를 돌봐야 하듯 목회자는 리더를 돌볼 책임
이 있습니다. 목회자가 당신을 대신해 후배를 돌봐줄 겁니다.
후배가 혼자서 무거운 짐을 짊어지지 않도록 도와주세요.

후배는 멤버에게 상담을 받아보라고 제안할 수 있습니다. 모
든 내용을 알고 있으니까 편안하게 말할 수 있을 겁니다. 당사
자가 거절한다면 어쩔 수 없지만요. 후배 역시 멤버 대신 상처
의 짐을 질 필요는 없습니다. 아무리 조급해도 기다려야 해요.
해결보다는 공감이 중요합니다.

후배가 힘든 고민을 말했다는 것은 당신이 제법 괜찮은 사람
이라는 뜻입니다. 그렇다고 대신 나서지는 마세요. 모든 능력
은 주님에게서 나옵니다. 그분이 하시는 일을 지켜보세요. 책임

회피가 아닌지 걱정하지 마세요. 후배를 사랑하고 있으니 충분

합니다.

회사에서 믿는 사람이 더 괴롭혀요

회사에서 힘들게 하는 사람이 있는데, 그가 크리스천이라 더 괴롭습니다. 믿지 않는 사람한테는 처음부터 기대감이 없어서 실망할 것도 없지만 믿는 사람이 괴롭히면 너무 화가 납니다.

주변 사람들을 믿는 사람과 안 믿는 사람으로 단순하게 구분 하지 않았으면 해요. 힘들게 하는 사람이 힘들게 합니다. 믿는 사람이라고 특별히 잘해주거나 별문제 없을 거라고 기대하지 마세요. 기대하면 실망합니다.

'믿는 사람'이라는 정의에는 논리적 오류가 포함되어 있습니다. 성급한 일반화의 오류입니다. 이는 제한된 정보를 가지고 결론을 내리는 것입니다. "하나를 보면 열을 안다"라는 말이 대표적인 사례입니다. 열을 봐야 열을 압니다. 급하게 결론 내리면 잘못된 관점으로 세상을 보게 됩니다.

그가 무엇을 믿느냐, 얼마나 믿느냐, 어떻게 믿느냐 등 따져볼 것이 많습니다. 자신의 종교가 기독교라고 말하는 사람 모두를 믿는 사람으로 인정할 수는 없습니다.
몸은 교회 안에 있어도 마음은 교회 밖에 있는 사람이 적지 않습니다. 교회 다니는 사람 모두를 믿는 사람이라고 정의 내리는 것은 성급한 일반화의 오류일 수 있어요.

믿는 사람과 안 믿는 사람으로 구분하면 흑백논리의 오류에 빠집니다. 의인과 죄인이란 개념은 성경 안에서는 선명하게 대조를 이루지만, 실제로는 우리 안에 함께 존재합니다.
그리스도인은 의인이며 죄인입니다. 동시에 죄인이며 의인입니다. 마음속에 치열한 싸움이 있습니다. 그러니 겉으로 구분하기 어렵습니다.

언제 어디서나 기댈 분은 오직 예수님뿐입니다. 삶의 한순간이라도 그분이 계시지 않으면 우리 모두 죄인일 뿐입니다. 죄인을 보고 실망하지 마세요. 우리는 처음부터 자격 미달이었습니다.

회사에서 최선을 다해 맡은 일을 잘하세요. 예수님이 맡기신 일입니다. 그리스도인이 정성을 다해 맡은 일을 하면 그것이 곧 예배입니다. 물론 쉽지 않지만요.

"목사라 사회생활 안 해봐서 아무것도 모른다"라고 말하지 마세요. 교회라고 다르지 않습니다. 교회에는 믿는 사람만 있는데 목사는 목회가 왜 이리 힘들다고 할까요? 성도는 성도대로 왜 시험에 들까요? 다 사람 때문입니다. 서로 상처를 주고받으며 삽니다.

세상이 아무리 어두워도 빛을 잃지 마세요. 어두울수록 더욱 밝게 비춰주세요. 세상 한가운데서 포기하지 않고 빛으로 살아줘서 진심으로 감사합니다.

회사의 접대 문화가 싫어요

제가 다니는 회사는 술, 담배, 유흥을 즐길 줄 알아야 승진할 수 있는 문화가 있습니다. 혼자 힘으로 잘못된 문화를 바꾸기가 너무 힘들어요. 힘들더라도 참고 주님을 의지해야 할까요, 아니면 이직하는 게 맞을까요?

사실 어떤 것이 올바른 선택인지는 아무도 모릅니다. 주님만이 아시겠지요. 직설적으로 말하면, 남을지 떠날지는 본인이 선택하세요. 그 선택이 정답입니다.

인생이라는 미로가 있어요. 시작점에서 문을 열고 들어갑니다. 걷다 보니 두 개의 문이 나와요. 왼쪽이 1번, 오른쪽이 2번입니다. 선뜻 문을 열지 못하고 중간에서 고민합니다. 문밖에 무엇이 있을지 모르기 때문이지요.

문 하나 잘못 열면 10년 고생할지 모른다는 두려움이 찾아옵니다. 며칠 마음고생 하다가 1번 문을 선택합니다. 문을 열고 뛰쳐나갑니다. 힘든 선택 뒤에 마주한 결과는 당황스러워요. 기대했던 결과는 없고, 또 다른 문이 있습니다.

이번에는 문이 세 개입니다. 1-1, 1-2, 1-3. 또다시 문을 열면 1-1-1, 1-1-2, 1-1-3, 1-1-4, 1-1-5의 문이 있습니다. 문은 계속 많아지고, 선택은 더 복잡합니다.

열어도 열어도 계속 문이 나온다면, "어떤 문을 여는 게 좋을까?"는 좋은 질문이 아닙니다. 문이 하나라면 모를까 계속 문이라면 멈춰 서서 질문해야 하지요.

"어떤 태도로 문을 열어야 할까?"

올바른 태도를 가졌다면 자신의 선택을 믿어야 합니다. 과감하게 여세요. 문 뒤에 절벽이 있더라도, 절대 떨어져 죽지 않습니다. 하나님이 당신과 함께 계시니까요.

인생이 선택의 연속이라면 올바른 결정보다 올바른 태도가 중요합니다. 선택이 아니라 태도가 급합니다. 하나님을 믿으세요. 실수하더라도 괜찮아요. 하나님께서 당신을 올바른 길로 인도하십니다.

회사에 남아서 견딘다고 승자가 되는 게 아닙니다. 반대로, 회사를 옮겨도 패배자가 되지 않습니다. 어디서 무엇을 하든 항상 태도를 고민하세요. 내가 아는 주님은 언제나 중심을 보십니다.

진심을 다하면 밖에서 문이 열릴 겁니다. 차례대로 활짝 열릴 거예요. 사람이 문을 열면 미로지만, 주님이 문을 열면 도로입니다. 머지않아 힘차게 달릴 날이 올 거예요.

어깨 펴고 회사에서 당당하게 일하세요. 그리고 옮길 때가 되면 미련 없이 떠나세요. 두려워하지 마세요. 회사가 아니라 하나님이 당신을 책임지십니다.

다른 사람의 아픔에 공감하고 싶어요

교회에서는 마음을 열고 대화할 기회가 많아요. 그런데 다른 사람의 힘든 이야기를 들어도 공감이 잘 되지 않아요. 타인의 상처와 아픔에 공감할 수 있는 쉬운 방법이 있나요?

자신이 공감 능력이 부족하다고 결론 내리지 않았으면 합니다. 정말로 공감 능력이 부족한 사람은 다른 사람의 상처와 아픔에 공감할 수 있는 방법을 고민하지 않을 테니까요. 그런 욕구를 느끼는 것은 당신이 공감하는 사람이라는 뜻입니다. 지금보다 타인의 상황에 더 깊이 공감하고 싶다는 말이겠지요.

나는 상대의 아픔에 대해 쉽게 공감하는 방법은 없다고 생각해요. 공감은 언제나 쉽지 않습니다. 공감은 '함께 느낀다'라는 뜻입니다. 마치 내가 같은 일을 겪는 것 같은 감정을 느끼는 듯 보인다면, 상대를 동정하는 것처럼 보일 수도 있습니다. 그러면 상대의 자존심이 상합니다. 공감을 쉽게 생각할수록 쉬운 사람이 되니까 신중해야 합니다.

억지로 장단을 맞추면 실패합니다. 조심스럽게 다가가야 합니다. 다른 사람이 마음을 열었다는 것은 이미 당신을 신뢰했다는 뜻입니다. 당신에게 마음을 열고 아픈 마음을 표현하고 싶다는 것이지요.

상대가 자신의 감정을 있는 그대로 표현할 수 있도록 최선을 다해 들어주면 됩니다. 곧바로 떠오르는 말이 있어도 말하지 말고 잘 들어주세요. 억지스럽지 않고 자연스럽게 말입니다.

상대의 이야기를 듣다보면 자신의 감정이 동요되는 순간이 있습니다. 그때 자기감정을 억제하지 말고 솔직하게 함께 느끼면 됩니다. 함께 웃고 싶으면 웃고, 울고 싶으면 우는 겁니다.

공감 잘하는 사람이 되기는 어려워요. 잘 들어주는 사람이 먼저 되기를 바랍니다. 하고 싶은 말을 참고 끝까지 들어주면 상대의 감정을 느낄 수 있어요. 자신에게 느껴지는 감정을 솔직히 표현해주세요. 울든 웃든, 대화가 끝나면 상대방이 말할 겁니다. 고맙다고, 정말 고맙다고. 그럼, 성공입니다.

설교를 들어도 아무런 감흥이 없어요

주일 예배 시간에 설교를 들어도 어떤 의미도 느끼지 못합니다. 예배 시간에 뜨겁게 은혜 받은 기억도 있는데 요즘은 억지로 교회를 나가고 있습니다.

아무 의미를 느끼지 못한다는 말이 의심스럽습니다. 그러면 무엇 때문에 주일 아침, 피곤한 몸을 이끌고 교회에 나가는 걸까요. 나는 조심스럽게 추측합니다. 아마 교회에 가서 자리라도 지키며 앉아 있는 게 조금이라도 마음이 편하지 않을까 싶습니다.

그 이상 되지 않아서 괴로운 것이지, 아무 의미를 느끼지 못한다는 말은 솔직하지 못한 것 같습니다. 교회에 나가 자리는 지키고 앉아 있는데, 원하는 만큼 감동할 수 없는 것이 깊은 고민이겠지요.

지금 최악의 상황에 놓여 있다고 가정해보겠습니다. 설교를 들어도 아무것도 느끼지 못하고 있으니까요. 최악의 상황은 알고 있으니 다른 질문을 던져보겠습니다.

최선의 상황은 무엇인가요? 모든 문제가 해결된다면 상황이 어떻게 달라질까요? 원하는 모든 것이 이뤄진 상황을 그려볼 수 있나요? 아마 떠올리기 힘들 겁니다. 그런 상황은 없으니까요.

나는 이 상황이 나쁘게 보이지 않습니다. 은혜를 받고 싶어 하니까요. 은혜가 없는데 있는 척하는 게 걱정이지요. 설교를 듣다가 습관처럼 흘러나오는 아멘 소리는 의미가 없습니다. 먼지를 타고 사라집니다. 진심을 담은 아멘 소리가 하나님을 기쁘게 합니다.

안 하면 어색하니까, 장단 맞추듯 섞여서 아멘 하지 마세요. 아멘 하고 싶을 때, 아멘 하세요. 솔직한 게 좋은 겁니다. 느껴지면 느껴지는 대로, 안 느껴지면 안 느껴지는 대로 자리를 지키세요. 자리를 지키는 사람이 은혜 받을 수 있습니다.

지금이야 가슴이 답답하겠지만 계속 답답하지는 않을 겁니다. 가슴이 뻥 뚫릴 만큼 은혜 받는 날도 있을 거예요. 그럴 일 없다고 결론 내리지는 마세요. 만약 당신의 인생에서 단 한 번도 은혜 받은 적이 없다면 주일마다 억지로 자리를 지킬 이유가 없을 겁니다. 지난날 받은 은혜 때문에, 그리스도인이 되신 것이지요.

"모태신앙이어서…"라고 하지 마세요. 부모님 손잡고 억지로 교회에 나오는 건 아니잖아요. 자신의 신앙을 하찮게 볼 필요가 없습니다. 싸구려 신앙이 아니라 고귀한 믿음입니다.

목사인 나도 예배드릴 때마다 은혜 받고 감동하는 건 아닙니다. 어떤 때는 졸기도 하고, 졸다 깨서는 설교 내용을 비판하기도 합니다. 목회할 때는 예배에 집중하기도 힘들었어요. 예배가 끝나자마자 닥쳐올 사역으로 머릿속이 가득했습니다.

내가 예배에 가장 집중하는 날은 내가 설교하는 날이었습니다. 설교하면서 다른 생각을 하면 안 되니까요. 말도 못하게 부끄럽지요. 모자라고 부족한 건 다 똑같습니다.

내 말이 조금이라도 위로가 된다면 힘들어도 참고 자리를 지켜 주세요. 은혜가 임할 겁니다. 당신이 그렇게 그리워하는데, 하나님이 안 주실 리가 없지요.

4부
공동체를 돌보는 기술
: 은혜 받은 만큼 섬겨요

내가 바보처럼 보이니?

교회에서는 남을 돕는 게 미덕이잖아요. 그래서 상황이 어렵고 시간도 없지만 정성을 다해 다른 사람을 도와줬어요. 그런데 상대가 고맙다는 말 한마디 없이 당연하게 생각해요. 바보 취급을 당하는 것 같아 기분이 나빠요. 계속 도와야 할까요?

질문에 감정이 실린 것 같아요. 그만큼 서운하다는 뜻이지요. 구체적인 상황은 알 수 없지만, 무리한 섬김은 당신이나 상대에게 유익하지 않습니다. 적절한 범위에서 멈춰야 할 것 같아요. 우리는 예수님처럼 살아야 하지만 예수님은 아니거든요.

잠시 멈춰 서서 자신에게 질문해보세요. '나는 왜 그 사람을 이렇게까지 도와주고 있을까?', '왜 적당한 선에서 거절을 못 할까?' 자신만의 이야기가 있을 겁니다. 자신만의 의미부여가 특정한 상황을 특정한 관점으로 보게 만듭니다.

아마 당신은 이런 일이 처음이 아닐 겁니다. 인생에서 반복되고 있을 거예요. 부탁하면 도와주고, 도와주다 지치고, 지치다 떠나는 패턴이 있지 않은지 살펴보세요. '두 번 다시 그러지 말아야지' 하고 다짐해도 얼마 지나지 않아 또 다른 누군가를 필요 이상으로 도와줄 겁니다.

상대를 떠올리면 좌절하지만 자신을 돌아보면 성장합니다. 상대를 떠올릴 시간에 자신을 들여다보며 '무슨 일이 벌어진 걸까? 나는 왜 이럴까?'를 깊이 고민해보세요. 이 질문을 끊임없이 던지다보면 자신 안에 해결되지 않은 무언가를 발견할 수 있습니다. 누구도 알지 못했던 자신만의 이야기가 있을 거예요.

엉킨 실타래처럼 복잡해 보일 겁니다. 가만히 앉아 이리저리 살펴보세요. 팔을 걷어붙이고 집중하세요. 중요한 순간입니다. 잘 풀어야 벗어납니다. 그 사이에 누가 와서 "나 이것 좀 도와

쥐"라고 부탁하면 하던 일을 중단하지 마시고 고개만 돌려 말하세요.

"잠깐만, 지금 내가 그럴 상황이 아니야. 나중에 도와줄게. 이것 먼저 풀어야 해."

당신이 도와주지 않아도 그는 잘 살아요. 하나님이 책임져주시니까 걱정하지 말고 당분간은 자신의 문제에 집중하세요. 잘 풀어야 나중에 여유가 생깁니다. 그때 가서 도와주세요. 그가 몰라줘도 기분 나쁘지 않을 만큼만, 적당히.

교회에서 봉사하고 상처 받아요

보상을 바라지 않고 봉사하는 방법이 없을까요? 바쁜 시간 쪼개가면서 최대한 봉사하고 있습니다. 사람들이 고맙다는 말을 해주기를 바라지 않지만 최소한 상처는 주지 않았으면 좋겠어요. 힘들게 봉사하고 돌아오는 건 상처뿐입니다.

'보상'을 어떤 의미로 생각하는지 묻고 싶어요. 보상은 '받는다'라는 뜻이 아니라 '갚는다'라는 뜻입니다. 남을 위해 애쓴 것에 대한 대가를 인정받는 게 아니라, 누군가에게 미리 받은 혜택을 돌려주는 것입니다. 플러스알파가 아니라 플러스제로입니다. 이것은 성경적인 의미가 아니라 일반 사전적 의미로 그렇습니다.

'봉사'도 마찬가지입니다. 남을 돕기 위해 애를 쓴다는 뜻이지요. 받은 것이 없는 사람이 대가 없이 순수하게 봉사하면 아름다워 보입니다. 그러나 받은 것이 많은 사람이 받은 것의 일부를 돌려주는 건 상식입니다. 봉사했다고 생색내면 본인의 순수한 의도마저 사라져버리지요. 고생은 고생대로 하고, 남는 것이 없습니다.

"나는 교회에서 받은 게 없어요. 교회에서는 자기들 필요할 때만 실컷 부려먹다가 힘들어서 잠깐 쉰다고 하면 '믿음 없는 사람'이라고 정죄해요. 그동안 참았는데 더 이상은 못 하겠어요."

이렇게 말한다면 그 마음은 조금 알 것 같습니다. 우리 서로 같은 마음일지 모릅니다. 당신은 성도니까 목사에게 말이라도 할 수 있지만, 나는 목사여서 하소연할 수도 없었어요. 그래서 주님께 말했습니다. 화가 잔뜩 난 채로 말입니다.

교회의 사람과 구조를 먼저 생각하면 당연히 화납니다. 봉사할 맛이 안 납니다. 그래서 관점을 바꿀 필요가 있습니다. 봉사하는 대상이 잘못되면 실망하고 지칩니다. 봉사의 대상은 사람이 아니라 예수님입니다. 그분을 위해 봉사하면 상처받을 일이 없습니다.

예수님을 생각하면 받은 은혜가 먼저 떠오릅니다. 감격으로 봉사해야 상처를 안 받습니다. 예수님에게 받은 게 없다면 봉사하지 마세요. 봉사를 먼저 하고 나중에 보상받으려고 하면 사람이 망가집니다. 예수님 없이 봉사하는 삶, 충분히 가능합니다. 잘 분별하세요.

지금 하고 있는 봉사 안 해도 하나님나라에 지장이 없습니다. 은혜를 먼저 차고 넘치도록 받으세요. 은혜 받은 만큼만 봉사해도 충분합니다. 은혜가 비어버리면 끝입니다. 은혜 없이 죽도록 봉사하는 것은 자기만족입니다. 당신의 삶에 주님이 주시는 은혜가 넘쳐흐르기를 바랍니다.

거절하기 힘들어요

교회에서 리더로 섬기고 있어요. 고민을 들어줄 일이 많습니다. 어느 순간, '나는 바쁜 시간을 쪼개 어렵게 시간을 냈는데 이 사람은 알고 있는 걸까? 굳이 내가 필요할까? 그냥 말할 사람이 필요한 게 아닐까?' 하는 생각이 들어 마음이 답답합니다.

다른 사람을 섬기는 일은 언제나 쉽지 않습니다. 그 자리를 포기하지 않고 견뎌주셔서 감사합니다. 나도 역시 오랫동안 고민해온 문제예요. 그런데 정답은 없습니다. 하루하루 고민하면서 결정을 내려야 해요.

일단 당신 스스로를 보호할 수 있어야 합니다. 자신을 아껴 쓰세요. 리더 역시 사람입니다. 모든 사람을 돌볼 수 없어요. 자신 안에서 기준을 세우세요. 기준은 복잡하지 않아야 합니다. 일주일 단위로 만날 사람과의 시간과 횟수를 제한하세요. 시간대 역시 고정해서 최대한 단순하게 만드세요. 그래야 지속 가능한 사역을 할 수 있어요.

상황에 대한 기준 역시 중요합니다. 모든 사람을 만날 수는 없어요. 인생에서 고민은 사라지지 않습니다. 만나도 만나도 끝이 없을 거예요. 최소한의 기준이 필요합니다. 마음이 어렵겠지만 꼭 그렇게 해야 합니다.

고민을 가진 사람이 도움을 요청하는 방식을 세 가지 비유로 표현하고 싶습니다. 지극히 주관적인 생각이니 참고만 하세요.

먼저, 껌 종이에 고민을 뱉어 던져주는 사람이 있습니다. 고민을 말하려고 온 게 아니라 감정을 배출하고 싶은 사람이에요. 감정을 쏟아놓고 싶은 사람이 필요한 거지요.

"나 지금 이런데, 내가 이런 일을 당하는 게 말이 돼?"

마주 앉은 테이블에 감정을 내뱉고 휘젓다 그대로 가버려요. 기분이 상합니다. 상대가 착각한 겁니다. 당신이 쓰레기통인 줄 안 거예요. 그가 감정을 뱉으면 쓰레기통을 내미세요. 직접 처리하라고 말하고 돌아보지 마세요. 시간 낭비입니다.

그다음은 고민을 복사하는 사람이 있어요. 종이 한 장에 고민을 대충 쓴 다음 수백 장을 복사합니다. 길에서 마주치는 사람마다 나눠줍니다. 누구 하나 걸리라는 식으로 마구 뿌리는 겁니다. 착한 사람이 멈춰 섭니다.

당연히 대화가 힘듭니다. 그는 당신과 대화하는 중에도 종이 뭉치를 손에 쥐고 있습니다. 온전히 집중하지 않아요. 설문조사하듯 질문합니다. 제대로 듣지도 않아요. '이 사람은 이렇게 말하네. 다른 사람은 무슨 말을 해줄까' 하며 궁금해합니다. 당신이 사라지고 나면 또 다른 사람을 찾아다닐 겁니다.

마지막으로 손편지를 쓰는 사람이 있습니다. 종이는 허름해도 정성스럽게 한 글자 한 글자를 써 내려간 편지를 보냅니다. 손편지를 받아보면 얼룩져 있습니다. 눈물로 써 내려간 편지라 그렇습니다. 종이는 귀퉁이가 닳아서 구깃구깃합니다. 다 쓰고 나서 보낼까 말까 손에 쥐고 긴장한 까닭입니다.

손편지를 받았다면 예수님이 되어주세요. 태평양을 건너가서라도 만나야 합니다. 수단과 방법을 가리지 말고 찾아가 돌봐주세요. 그가 흘린 눈물만큼 함께 울어주세요. 오늘이 세상 마지막 날이라고 해도 그 사람 하나 살리고 떠난다고 생각해주세요. 절대 거절하면 안 됩니다.

상처 입은 사람이 소중하듯이 당신 역시 소중합니다. 스스로를 지키고 보호할 수 없다면 언젠가는 촛불처럼 녹아 없어질 거예요. 인생은 불꽃놀이가 아닙니다. 잠시 피웠다 꺼지는 불이 되지 마세요. 연료를 아껴 써야 추운 겨울을 잘 보낼 수 있습니다. 차디찬 세상을 따뜻하게 녹여주는 난로가 되어주세요.

누구 말이 옳은 걸까요?

다른 사람의 말을 경청하는 편이에요. 다양한 의견을 듣는 건 좋은데, 가끔 혼란스러워요. 교회 안에서 목사님이나 리더들이 서로 다른 조언을 해서 누구 말이 옳은지 모르겠어요.

아무도 올바르지 않습니다. 그들의 조언이 전부 틀렸다는 말은 아닙니다. 아무리 옳은 답을 내놔도 당신 스스로 결정을 내리지 못하면 틀린 답이 됩니다. 조언을 너무 많이 듣지 마세요. 길을 잃고 이리저리 헤매다 인생을 낭비할 수 있어요.

조언을 듣기 좋아하는 사람들의 특징이 있습니다. 의존적이에요. 상담실 안에서도 내게 자기 인생을 결정해달라고 하는 사람이 있어요. 그 안에는 자신만의 이야기가 숨어 있어요. 자기 인생을 스스로 선택하지 못하는 이유가 있습니다. 찾아내서 돌봐줘야 해요.

이제부터 조언을 구할 때, 상대의 표정을 자세히 살펴보세요. 자신은 오랜 시간 고민하다가 조언을 구했는데 상대는 질문을 받은 순간부터 생각하기 시작합니다. 1초도 생각하지 않고 즉시 말합니다. 즉흥적으로 던진 조언에 자기 인생을 맡기는 건 정말 위험합니다.

교회 청년 중에 목사님이나 리더의 말 한마디로 대학 전공이나 직업을 바꾸고, 심지어 진지하게 교제하는 사람과 헤어지는 경우도 있습니다. 아무리 좋은 의도로 말해준다고 해도 신중하게 생각하세요. 그들이 당신의 인생을 책임져주지 않습니다. 함께 고통을 겪지도 않고요. 말 한마디 하고 사라집니다.

아무리 가까운 사람이라도 당신이 누군지 잘 몰라요. 목사님, 공동체 리더, 소중한 친구들, 멘토, 가족도 당신을 온전히 안다고 할 수 없습니다. 자기 자신보다 자신을 잘 아는 사람은 세상에 없습니다. 그러니 절대로 선택권을 넘겨주면 안 됩니다.

제아무리 좋은 의도라도 사람들의 의견을 듣다보면 나중에 그들의 생각에 파묻혀요. 그들의 말에 영향력이 생기면 그 말을 어기는 것에 대한 죄책감을 느낍니다. 그들의 말이 규범이 되지요. 사람들의 눈치를 보면서 인생을 살면 불행해집니다.

나도 글을 쓴다고 할 때 주변에서 좋은 소리를 못 들었습니다. 나를 잘 안다는 사람들이 "글로 먹고사는 사람 없다. 네 글을 누가 읽어주나? 글은 써본 적이 있냐?"라고 말했어요. 마음이 아팠죠. 하지만 나는 스스로 선택했고, 계속 글을 썼어요.

막상 책 한 권이 나오니까 똑같은 사람들이 예전과 다른 말을 합니다. "결국 네가 해낼 줄 알았다. 정말 잘했다"라고요. 내가 그들의 의견을 경청하고 선택권을 넘겼다면 시작도 하기 전에 포기했을 겁니다.

귀를 닫고 살면서 사람들을 무시하라는 말이 아니에요. 처음부터 "의견은 듣지만 선택은 내가 한다"라고 결심하세요. 그래야 조언을 해주는 사람도 부담이 없습니다. 사람들의 말은 조언일 뿐 법칙이 아니니까요.

당신을 가장 잘 아는 분은 하나님입니다. 사람들의 조언은 적당히 듣고, 하나님을 의지하며 그분의 말씀을 들어야 합니다. 답답하고 두려운 마음이 있겠지만 걱정 마세요. 실수해도 하나님이 책임지십니다.

다시 교회로 돌아갈 용기가 없어요

5년 동안 진심을 다해 섬기던 목사님에게 실망했어요. 지금은 교회를 떠나 혼자 기도하고 예배합니다. 다시 교회로 돌아갈 용기가 없네요. 크리스천은 반드시 교회에서 드리는 예배에 참석해야 하나요? 목사 없는 예배를 하나님이 기뻐 받으실 수는 없나요?

이 말을 하는 나 자신도 목사라 부끄럽고 죄송해요. 나 역시 누군가를 실망시키고 찾아가 용서를 빌었던 적이 있어요. 내 입장에서야 할 말이 산더미 같았지만, 용서를 구하고 용서받았어요. 목사도 사람이라서 실수를 합니다.

만약 그 목사가 진심으로 용서를 구했다면 당신 마음이 이렇게까지 불편하지 않았겠지요. 교회를 떠날 일도 없었겠고요. 그런 점에서 목사에게도 잘못이 있어요. 만약 당신이 의사 표현을 하지 않고 조용히 교회를 떠났다면 제아무리 목사라도 뭘 잘못했는지 알 수가 없어요. 나 역시 그랬거든요. 잘못하고도 잘못한 건지 모르고 두 발 뻗고 잤어요. 지금 생각하면 얼마나 민망한지 모릅니다.

나는 일단 목사에게 잘못이 있다고 말했어요. 이제 당신에게 하고 싶은 말이 있어요. 황당하게 들리겠지만, 목사에게 실망한 건 당신 잘못입니다. 목사에게 기대하는 바가 전혀 없기는 힘들지만 실망할 정도로 기대하지는 마세요.

만일 목사가 돈이나 여자 문제로 교회에 고통을 주었다면, 교인들 대다수가 가만있지 않았을 거예요. 그런 문제라면 내 답변 역시 다른 방향으로 나가겠지요.

목사의 말과 행동에 실망했다면 그건 당신 안에서 해결해야 할 문제라고 생각해요. 당신이 인격적인 무시를 당했다면 다른 교인들 역시 바보가 아니기에 언젠가 목사 스스로 책임져야 할 상황이 올 거예요.

목사에게 너무 기대하거나 집중하지 마세요. 그는 목사로 기능하는 것뿐이에요. 목사의 말 한마디에 흔들린다면 신앙생활하기 어려워요.

"목사 없는 예배를 하나님이 기뻐 받으실 수는 없는 건가요?"라는 다소 도발적인 질문에 나는 간단히 답하고 싶어요. 목사있는 예배라고 해서 하나님이 무조건 기뻐하신다는 보장은 없어요. 목사가 예배의 주인공이 아니니까요.

하지만 그 목사가 없어지면 하나님이 아니라 당신이 기뻐할까걱정돼요. 지금 이 모습으로 예배하면 그 목사가 없어져도 하나님은 당신의 예배를 기뻐하지 않으실 것 같아요.

목사 없이 혼자 예배하더라도 그 안에 진심이 담기면 주님이기뻐하세요. 매일 큐티 하고 기도하잖아요. 그때는 목사가 없어요. 목사가 아닌 주님을 바라보고 예배해주시기를 부탁드려요. 뻔한 말 같지만 이보다 더 정확한 답을 줄 수 없네요.

목사에게 실망했다고 주님을 떠나지 말아주세요. 주님 바라보고 신앙생활을 해주세요. 그리고 나를 포함한 모든 목사가 부족한 걸 이해해주세요. 목사들도 한없이 부족해서 주님 바라보고 살아요. 용서 못 할 죄를 지으면 책임지고 떠나야지요. 하지만 목사의 성격이나 말, 행동이 마음에 안 들어서 그런 거라면 이해해주시고 용서해주세요.

관계가 힘들어 교회를 떠났어요

관계가 힘들어 청년부를 떠났어요. 시간을 두고 생각하다가 다시 마음이 열려 청년부에 가려 했어요. 떠나온 것이 미안해서 먼저 리더에게 다시 나가고 싶다고 말했어요. 그런데 리더는 너무 조급한 것 같다며 기다려 달라고 했어요. 시간이 흐르면서 점점 화가 났어요. 공동체에서 나를 밀어냈다는 생각이 들어요.

무엇 때문에 교회를 떠났는지 알 길이 없어 정확한 답을 하기는 어렵습니다. 사람들과 갈등이 일어나 공동체를 떠난 것 같아요. 교회는 어떤 상황에서든 당신을 있는 그대로 받아줘야 하지만 실제로는 서로 상처가 많아서 쉽지 않지요.

리더는 아마 다른 사람에 대한 걱정이 앞섰던 것 같아요. 그를 이해해줄 필요가 있어요. 리더 역할은 언제나 쉽지 않으니까요. 그러나 그가 당신이 가고 말고를 결정할 필요는 없다고 생각해요. 누구도 하나님의 자녀를 거절할 권리는 없거든요. 당신 스스로 결정할 수 있는 권리를 다른 사람에게 위임하지 마세요.

리더가 어떤 말을 해도 만족할 만한 답변을 듣지 못했을 거예요. 그전에 교회를 떠나올 만큼 갈등이 깊었을 테니까요. 과정을 공유하는 게 핵심이에요. 다녔던 교회를 사랑한다면, 교회에 다시 출석하는 데 목적을 두지 마세요. 당신에게 있었던 일을 있는 그대로 리더와 공유하는 게 먼저예요.

무엇으로 상처받았고, 혼자 시간을 보내면서 어떻게 회복되었는지 말해주세요. 같은 말이라도 표현이 중요하니까 최대한 진실하게 대화하세요.

리더로부터 또다시 거절을 당한다면 교역자에게 도움을 요청하세요. 도와줄 거예요. 만약 그들에게도 거절을 당한다면 다른 교회를 고려해보세요. 교회를 쉽게 옮겨도 된다는 말이 아니라 사람들에게 상처받아서 신앙을 버릴까 걱정돼서 하는 말이에요. 어떤 경우에도 예수님을 포기하지 말아주세요.

스스로 회복할 시간이 필요해요. 사람들에게 상처받았으니까요. 예수님은 당신을 있는 그대로 받아주시지만 교회 사람들은 그렇지 않아요. 당신 역시 리더를 있는 그대로 받아주기 어려운 것처럼요.

리더를 묵상하지 말고, 예수님을 묵상하세요. 리더와 나누었던 대화를 반복하지 말고, 예수님의 말씀을 반복하세요. 하나님께서 새로운 일을 펼쳐가시기를 기대합니다.

교회 일을 내려놓고 잠시 쉬려 해요

아빠가 오랜 투병생활을 하시다가 돌아가셨어요. 아버지의 죽음이 너무나 슬퍼요. 교회에서 맡았던 일을 내려놓고 잠시 쉬려는데 주변에서 그러지 말래요. 그럴수록 하나님을 더 붙잡으라고 해요. 슬픔의 영에 사로잡히면 일어서기 어렵다고 참고 견디라고요.

슬퍼하세요. 아버지가 돌아가셨는데, 어떻게 슬프지 않겠어요. 일 년이든, 십 년이든, 평생이든 슬프면 우세요. 아버지가 일생 동안 그립다면 감사한 겁니다. 아버지의 죽음을 슬퍼하는 감정에 죄책감을 느낀다면 잘못된 겁니다.

당신에게 '슬픔의 영'에 사로잡히지 말라고 말한 사람의 의도를 모르겠네요. 이 말은 문맥상 부정적인 뜻이겠지요. 성경에는 그런 말이 없습니다. 나는 그 말을 전해 들을 당시의 상황과 분위기는 모르지만 아무리 좋은 의도라도 성경에 없는 말을 하면 위험합니다.

쉬고 싶으면 쉬세요. 교회 일을 감당하는 것 자체가 본질이 아닙니다. 당신이 원하는 대로 결정하세요. 교회 봉사할 사람이 부족해도 교회 문은 안 닫습니다. 하나님이 잘 이끌어가십니다. 잠시 쉬다가 기운이 나면 다시 섬겨주세요.

있는 모습 그대로 하나님께 나아가세요. 그 눈물 마를 때까지 주님이 위로해주실 거예요. 오늘부터는 마음 편히 울었으면 좋겠습니다.

당신과 돌아가신 아버지 사이에는 예수님이 계세요. 천국에서 그분이 아버지를 돌봐주고 계십니다. 슬플 때마다 예수님 품에 안겨 있는 아버지를 생각하세요. 주님은 친절하게도 이 땅에서 슬퍼하는 당신에게도 찾아오세요. 눈물을 닦아주시며 위로해주시지요.

예수님이 계시기에 머지않아 슬픔은 소망이 될 것입니다. 슬플 때마다 그분 품에 꼭 안기세요. 다시 힘을 얻으면 주님의 일을 잘 감당할 수 있을 겁니다.

술 담배를 끊지 못합니다

술 담배를 끊지 못해요. 더 이상 숨기고 싶지 않아서 교회 공동체에 솔직히 말했습니다. 그날 이후, 사람들이 나를 대하는 태도가 달라졌어요. 상처가 깊습니다. 여전히 끊으려고 노력하지만 번번이 실패합니다.

술과 담배에 대한 성경적인 관점을 제시할 수도 있겠지만, 질문의 의도를 먼저 생각하고 싶어요. 상처 부위를 보여줬는데, 핀셋으로 휘젓고 싶지 않습니다.

음주와 흡연에 대한 성경적 해석은 다양합니다. 다양한 해석을 존중합니다. 저마다 일리가 있다고 생각해요. 물론 나는 둘 다하지 않는 게 좋다고 생각합니다. 그러나 내 관점을 정죄의 도구로 삼아 사람을 괴롭히고 싶지는 않아요.

음주와 흡연을 하지 않는다고, 누구도 하나님 앞에서 자기 행실로 당당할 수 없습니다. 나는 전혀 하지 않지만 떳떳하지 않습니다. 매일 변하지 않는 자신을 보며 절망합니다.

당신이 술과 담배를 끊지 못하고 있다는 사실을 공동체에서 말할 때, 사람에게 기대하는 마음을 가진 것 같습니다. '용기 내서 솔직하게 말하면, 사람들이 이런 나를 이해해주지 않을까?' 그러나 기대와 달리 사람들의 표정이 차가워졌습니다. 당신은 상처를 받았고요.

당신은 자기 자신을 받아주셨나요? 자신도 받아주지 못한 당신을 누군가에게 받아달라고 하면 반드시 실망합니다. 반복되는 습관 속에서 스스로를 정죄하고 있으니 마음이 무거울 것입니다.

누구에게라도 알리고 도움을 구하고 싶은 마음은 이해됩니다. 그러나 자신도 용납할 수 없는 당신을 누군가가 용납해줄 거라는 기대는 하지 마세요. "나는 나를 용납하지 못하겠어요. 그러니까 당신이 나를 용납해주세요"라고 하면 반드시 실망합니다.

더 이상 사람들에게 이해해달라고 부탁하지 마세요. 모든 사람이 저마다의 상처를 가졌습니다. 원하는 답을 들을 수 없어요. 공동체의 반응은 어쩌면 당연한 겁니다.

솔직한 고백 자체가 잘못되었다는 게 아니라 이 땅의 어떤 교회도 완벽할 수 없다는 말입니다. 당신의 상태나 교회 공동체의 상태나 별로 다르지 않습니다.

교회 안에 있더라도 사람을 의지하는 마음으로 고백하면 부작용이 생깁니다. 예수님에게 고백해야 합니다. 교회에서 고백하더라도 교회 사람들이 아니라 교회 안에 계신 예수님께 고백하는 겁니다. 그래야 실망하지 않습니다. 사람들은 차가워져도 그분은 언제나 따뜻하시니까요.

자신을 먼저 용납하길 바랍니다. 마음 편하게 술 마시고 담배 피우라는 말이 아닙니다. 술, 담배는 끊기 어렵습니다. 오래 걸립니다. 스스로를 정죄하면 힘을 낭비하게 됩니다. 온 마음을 다해 예수께 집중해주세요. 자신을 대하는 방식이 달라지기를 바랍니다.

'너 또 실패했지. 넌 역시 안 돼.' 이것은 진실이 아닙니다. 자신을 파괴하는 방식으로는 절대 벗어날 수 없어요. 며칠이라도 참고 견딘 자신을 인정해주세요. 그리고 다시 시작하세요. 쉽게 되는 일은 없습니다. 포기하지 말아주세요.

속마음을 말하면 눈물이 나요

지금까지 내 이야기를 누군가에게 한 적이 없어요. 교회에 다니기 시작했는데, 속마음을 말할 자리가 많아요. 공동체에서 속마음을 말할 때 계속 눈물이 나요. 부끄러워서 울고 싶지 않은데 멈출 수가 없어요.

안심하고 우세요. 예수님을 처음 만났을 때, 모든 사람이 겪는 일이에요. 마음이 복잡할 거예요. 한마디로 설명할 수 없겠죠. 내 경험에 비추어서 잠시 그 감정을 표현해보려고 합니다.

장례식에 가면 눈물이 납니다. 누군가를 잃었다는 슬픔 때문이죠. 예수님을 처음 믿는다는 건 이전에 내가 죽었다는 뜻이에요. 지금까지 붙잡고 살았던 모든 것을 내려놓으려니 무섭기까지 하겠지요. 눈물이 나는 건 당연합니다.

예수님을 믿게 된 순간부터 당신은 다시 태어납니다. 새로운 생일을 맞이한 겁니다. 깜짝 파티를 상상해보세요. 생일에 축하해주는 사람 하나 없어 실망한 채 집으로 돌아와 문을 엽니다. 어두운 방 안에 불을 켰을 때, 소중한 사람들이 한가득 모여 폭죽을 터트리며 환호합니다. 감동을 받겠지요. 감동이 크면 눈물이 납니다.

예수님과 동행하는 삶은 결혼식과 같습니다. 그분의 신부로 일생을 사는 겁니다. 결혼식은 기쁘지요. 부모와 헤어지는 슬픔도 있습니다. 복잡한 감정입니다. 결혼식에서 신부가 흘리는 눈물은 보석입니다.

장례식, 깜짝 파티, 결혼식을 동시에 겪으니 얼마나 정신이 없을까요. 누군가 말을 걸면 두서없이 말하게 될 거예요. 그동안 자신을 꼭꼭 숨겨온 사람이라면 표현하기 더욱 힘들겠지요. 말보다 마음이 앞설 겁니다. 울음이 먼저 터지는 건 당연합니다.

처음이라 부끄럽겠지만 걱정하지 마세요. 공동체에서 만난 사람들 모두 비슷한 일을 겪었습니다. 사람들이 이해해줄 거예요. 울고 싶은 만큼 우세요. 어쩌면 누군가는 당신이 흘리는 눈물을 보면서 첫사랑을 떠올릴 겁니다. 예수님을 처음 만났을 때의 첫사랑 말입니다.

당신은 공동체의 선물입니다. 갓 태어난 당신을 공동체가 사랑으로 안아주기를 바랄 뿐입니다.

5부

연애를 돌보는 기술

: 시작보다 과정이 중요해요

연애로 시간 낭비하고 싶지 않아요

연애로 시간 낭비하고 싶지 않아요. 가벼운 만남은 애초부터 생각하지 않고 있어요. 결혼을 전제로 진지한 만남을 갖다가 적절한 시기에 결혼할 생각이에요. 하지만 한편으로는 마음이 불안해요. 이상적인 연애는 무엇일까요?

나는 이상적인 연애는 없다고 생각해요. 오히려 이상한 연애를 하지 않는 게 중요해요. 이상하게 연애하는 사람이 생각보다 많아요. 말장난 같지만 실제로 그렇습니다.

연애에 상처가 반영되면 두 가지 반응이 일어납니다. 외면하거나 대안을 찾지요. 외면한다는 것은 자신 안에 상처를 인정하지 않는 거예요. 고통스러우니까 들여다보지 않는 겁니다.

예를 들어볼게요. 어떤 여성이 있습니다. 이전에 사귀던 남자친구가 바람을 피웠어요. 의심하던 중에 남자친구 몰래 스마트폰을 뒤졌는데, 역시나 다른 여자와 함께 찍은 사진이 있었지요. 바로 헤어집니다.

문제는 그다음이에요. 새로운 남자친구를 만나도 불안합니다. 의심이 사라지지 않아요. 그가 전화를 조금만 늦게 받아도 불안해서 못 견딥니다. 간신히 전화를 받으면 폭언을 쏟아부어요. 결혼해도 상황은 크게 달라지지 않아요. 상처를 외면하면 결혼해서도 남편을 의심하기 쉬워요. 평생 불안한 채로 살지도 몰라요.

대안을 찾는다는 것은 상처를 직면하지 않고, 다른 방식으로 상처를 만회하려 하는 거예요. 희생적인 어머니 품에서 자랐던 딸은 엄마처럼 살고 싶지 않다는 생각을 하기 쉽습니다. 남자친구와의 관계에서 주도권을 잡으려고 해요. 다루기 쉬운 남자를 만나고 싶을지 몰라요.

다루기 쉬운 남자는 실제로 없지요. 남자친구가 소리라도 지르면 삶이 무너집니다. 엄마처럼 살게 될까 두려워집니다. 다른 남자를 만나도 상황은 마찬가지예요. 상처를 직면하지 않으면 같은 패턴이 반복됩니다.

이상적인 연애를 꿈꾸기 전에 자신이 이상하게 연애하고 있지는 않은지 고민해보면 좋겠어요. 상처를 외면하거나 대안을 찾고 있다면 이상하게 연애하고 있는 겁니다.

그러면 멈춤 버튼을 누르고 자신을 들여다보세요. '난 왜 이럴까? 무엇을 원하는 걸까?' 깊이 고민해보세요. 결혼을 약속한 사이라도 자신 안의 결핍을 남이 채워줄 수는 없어요. 자신은 자신이 돌봐야 합니다.

좋아하는 남자가 생겼어요

좋아하는 남자가 생겼어요. 기도하면서 이 남자라는 확신을 갖게 되었어요. 하지만 교회에서 다른 사람의 시선이 신경 쓰여요. 청년부 전도사님은 형제가 나보다 신앙이 미성숙하다고 달가워하지 않아요. 신앙의 완전함은 없다고 생각해요. 맞춰가며 함께 성장해야죠. 둘만의 확신으로 연애를 시작해도 될까요?

연애를 시작하고 안 하고는 당신이 결정하면 됩니다. 다른 사람의 눈치를 보지 말고 스스로 결정하세요. 다른 사람 허락받지 마세요. 내 동의도 의미가 없어요. 내 생각에 당신은 이미 결정을 내렸어요.

청년부 전도사님이 반대하는 이유를 추측해보겠습니다. 좋은 의도로 한 말이라고 생각해볼게요. 당신을 아끼는 마음에서 걱정을 표현한 것으로요. 그동안의 사례가 있었겠지요. 사랑하는 제자들이 고통받는 것을 목격했을 거예요. 그러니 전도사님이 신뢰할 수 있는 사람이라면 좋은 의도로 받아들여주세요.

그래도 결정은 스스로 하세요. 전도사님의 말 한마디가 당신의 인생을 좌우할 수는 없어요. 남에게 결정권을 넘기지 말아요. 선택도, 책임도 당신이 지세요. 연애의 행복을 나눌 사람도, 이별의 슬픔을 대신 느껴줄 사람도 없어요.

나는 당신이 '확신'이라고 표현한 부분을 조금 더 고민해보라고 말하고 싶어요. 하나님께서 어떤 방식으로 확신을 주셨나요? 그 방식이 말씀에 근거한 것인가요? 아무리 신비로운 방식으로 확신을 받았어도 연애는 힘들어요. 지나친 확신은 오히려 걸림돌이 될 수 있어요.

주변이 아무리 시끄러워도 차분하게 고민해보세요. 그 형제는 어떤 사람인가요? 그가 정말 예수님을 사랑하나요? 잘 모르겠나요? 그러면 그가 정말 당신을 사랑하나요?

연애를 시작해야겠다는 확신보다 그가 어떤 사람인가에 대한 확신이 더 중요해요. 처음부터 상대의 모든 것을 알 수는 없지요. 천천히 나중에 확신해도 됩니다. 이왕 연애를 시작할 거면 조금 불안한 듯이 망설이며 시작하세요. 서서히 알아간다고 생각하는 게 서로에게 유익합니다.

장거리 여행을 갈 때, 연료를 가득 채우고 출발하잖아요. 처음에는 든든하지요. 가는 길이 설렙니다. 하지만 연료는 계속 줄어들어요. 난감한 일을 겪지 않으려면 틈틈이 연료를 채워야겠지요. 연애도 마찬가지예요. 시작보다 중요한 건 과정입니다.

신앙의 완전함은 없다는 말, 서로 맞춰가며 성장해야 한다는 말에 전적으로 동의합니다. 전도사님, 공동체 사람들 모두 동의할 거예요. 하지만 서로 맞춰가며 성장한다는 게 쉽지 않다는 것을 우리 모두 알고 있지요.

모든 사람을 기쁘게 할 수 없지만 자기 자신만큼은 기쁘기를 바랍니다. 그래야 힘들어도 관계를 지속할 수 있어요. 공동체에서 인정받는 건 어려워요. 하지만 당신에게 소중한 몇몇 사람의 이야기는 들어보세요. 그들의 이야기는 들어볼 만하거든요.

혼자 좋아하고 혼자 정리합니다

짝사랑이 전문입니다. 내가 좋아하는 사람은 나를 좋아하지 않습니다. 혼자 좋아하고 혼자 정리합니다. 용기 내어 마음을 표현하지만 결과는 언제나 거절입니다. 하나님의 때가 있다고 애써 위로하지만 또 거절당할까 두렵습니다.

이성에게 계속 거절당하는 이유는 외모나 매력 때문이 아닐 겁니다. 이성에 대해 서툰 게 아닐까 추측해봅니다. 남자와 여자는 서로 다릅니다. 외모나 매력만으로 사랑할 수는 없습니다.

남자가 여자에게 사랑을 고백하고 가장 많이 듣는 말이 있습니다. "너를 남자로 생각해본 적 없어. 우린 그냥 친구야." 남자

입장에서는 당황스럽습니다. 종일 연락을 주고받고 데이트도 해서 서로 좋아한다고 생각했던 겁니다. 갑작스러운 거절에 상처받고 여자를 비난합니다.

여자를 오해합니다. 상대의 감정을 가지고 장난을 치는 사람은 드뭅니다. 여자 역시 남자에게 호감을 느꼈을 겁니다. 서로를 알아갈 수 있는 충분한 시간이 필요했던 겁니다. 조심스럽게 서로를 알아가고 있는데 갑자기 계약서에 도장이라도 찍으라는 듯한 말과 행동을 하니 뒤로 물러선 겁니다.

좋아하는 감정을 표현하고 거절당하면 그나마 낫습니다. 어찌 되었든 상대방의 감정을 확인했으니까요. 하지만 좋아하는 감정을 표현도 못 해보고 혼자 정리하는 것은 안타깝습니다. 이성에 대해 배우고 알아가는 시간을 가졌으면 합니다.

미국 사람과 친해지려면 일단 영어를 배워야 합니다. 그래야 인사도 하고, 대화도 하고, 같이 밥도 먹을 수 있지요. 남자와 여자의 일상 대화는 표면적인 언어는 같지만, 감정의 언어는 서로 다릅니다. 미묘한 감정을 다룰 때는 국어와 영어처럼 극단적으로 서로 다른 언어를 쓰기도 해요.

서로의 언어를 배워야 합니다. 저절로 깨우쳐지는 게 아닙니다. 한번 배운 영어를 평생 쓰듯이 이성의 언어도 한번 배우면 평생 씁니다. 기회를 찾아서 부지런히 배우세요. 연애 고수가 되자는 말이 아니라 잘 배워서 서로에게 좋은 배우자가 되자는 거예요.

이성에게 거절당하는 두려움 이외에 다른 두려움을 느끼고 있다면, 자신을 깊이 살피는 시간을 가졌으면 합니다. 이성에게 거절당하는 것을 두려워하는 사람은 아마도 삶의 다른 영역에서도 두려움을 느낄 것입니다.

두려움이라는 감정에는 자신만의 이야기가 숨어 있습니다. 안전한 곳에서 안전한 사람과 함께 숨겨진 이야기를 풀어내보면 좋겠습니다. 자신을 돌보면서 힘든 시간을 이겨내기를 부탁드립니다.

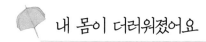 내 몸이 더러워졌어요

남자친구와 관계를 맺었어요. 내 몸이 더러워진 것 같아요. 그
는 계속 관계를 요구해요. 이전 남자친구도 그랬어요. 관계
하고 싶지 않다고 말하면 이해해주는 척하지만 실망한 표정을
지어요.

당신의 몸은 더러워지지 않았습니다. 소중하고 고귀한 존재라
는 사실은 변하지 않았어요. 성관계를 거부하고 싶은 마음은
자신 안에 있는 고귀함에서 시작되는 겁니다. 고귀함은 파괴되
지 않았습니다.

죄책감은 그 자체로 부정적인 감정이지만, 지금은 상황이 조금

다릅니다. 죄책감이 고귀함을 회복할 기회입니다. 현재 상황이 잘못되었다는 것을 인식하게 만듭니다. 고귀한 자신을 되찾게 돕고 있어요. 회복을 전제로 한 죄책감은 축복입니다. 통증은 고통스럽지만, 통증을 느껴야 아픈 부위를 찾고 치료할 수 있어요.

원치 않는 성관계를 지속한다는 건 당신 안에 돌봐야 할 상처가 있다는 뜻입니다. 어쩌면 거절과 애착에 관한 자신만의 이야기가 있을지 모릅니다. 이대로 관계를 유지하면 위험합니다. 남자친구가 떠나는 날, 당신의 모든 게 무너질 겁니다.

지금 남자친구를 사랑한다면, 그리고 사랑받고 있다고 믿는다면 솔직하게 말하세요.

"나는 관계를 맺고 싶지 않아. 관계를 맺고 나면 죄책감으로 고통받아. 내 몸이 더러워진 것 같아."

남자친구가 그러지 말라고 설득하려 들면, 지금 잘못된 사람을 만나고 있는 겁니다. 관계를 못 해 떠날 사람이라면 떠나보내세요. 당신을 진심으로 사랑하는 남자라면 사과할 거예요.

용서를 구할 겁니다. 당신을 지켜주려고 애쓸 거예요.

물론 서로에게 힘든 시간이겠지요. 쉽지 않을 겁니다. 하지만 참고 견디는 법을 배워야 성숙해질 수 있어요. 남을 사람이라면 남을 겁니다. 그는 당신의 진심을 알아주고 노력하는 사람입니다.

스스로를 소중하게 생각해주세요. 그래야 남자친구도 당신을 소중하게 대합니다. "사랑하니까 괜찮다"라는 말은 속임수입니다. 사랑하니까 지켜줘야 합니다.

아픈 마음을 주님이 치유해주시기를 바랄 뿐입니다. 몇 마디 말로 당신을 위로할 수 없다는 것을 압니다. 언제나 그랬듯 주님의 능력을 바라고 기도하겠습니다. 소중한 자신을 잘 지켜주세요.

믿지 않는 남자친구를 만나요

내 마음속에 외로움이 가득해요. 주님 한 분만으로 충분하다고 생각했는데, 신앙이 부족하다고 느껴요. 교회를 건성으로 다니거나 아예 다니지 않는 남자친구를 만나요. 솔직히 지금 남자친구가 좋은데 신앙이 없어서 문제예요. 그와 헤어지고 싶지 않아요.

아빠는 악마 같아요. 술만 먹으면 엄마를 때렸어요. 무책임하고 무기력한 아빠 때문에 가정이 고통받았어요. 엄마는 천사 같아요. 늘 내 편이 되어줬어요. 엄마를 보면 마음이 아파요. 늘 나와 동생을 위해 살았거든요. 아빠 때문에 고생하면서도 언제나 밝은 모습을 잃지 않았어요.

고등학교 1학년 때 있었던 일이에요. 밤 11시쯤 학원을 마쳤어요. 아빠가 데리러 와서 아빠 차를 타고 집에 가는데, 아빠가 말할 때 너무 피곤해서 하품을 했어요. 아빠가 운전하다가 말고 내 뺨을 때렸어요. 화나고 무섭고 슬펐어요. 집에 와서 엄마에게 말했어요. 둘이 내 앞에서 싸웠어요. 아빠는 엄마를 또 때렸어요. 내 마음이 찢어지는 것처럼 아팠어요.

당신은 자신의 신앙이 부족하다고 생각해요. 믿지 않는 남자친구를 사귀는 것에 죄책감을 느끼고 있고요. 나는 당신이 처한 상황보다 믿지 않는 남자친구를 만나면서 느끼는 죄책감이란 감정에 더 많은 관심이 있어요.

반대로 신앙이 깊고, 믿음이 좋은 남자친구를 만났다고 해보죠. 그러면 외로움이 사라질까요? 아마 그럴 거라고 생각하겠지만 실제로는 아니에요. 외로움은 사라지지 않아요. 외로움은 없애야 할 감정이 아니라 돌봐야 하는 감정이에요.

당신은 외로움에 취약한 삶을 살아왔어요. 폭력적인 아버지, 희생하는 어머니, 불안한 둘의 관계. 당신의 정서에 부정적인 영향을 미쳤을 거예요.

아버지에게 맞았던 사실을 어머니에게 말했지만 어머니도 당신을 지켜줄 수 없었어요. 아마 그 후로는 힘든 일이 있어도 말하기 어려웠을 거예요. 혼자 참고 견디는 것에 익숙해졌겠지요.

나는 당신의 신앙이 깊어지기를 바라고, 믿음 좋은 남자친구를 만나기를 바라요. 하지만 그 전에 당신이 스스로를 정죄하지 않기를 부탁드려요. 사랑받고 싶은 마음을 누가 손가락질할 수 있겠어요. 얼마나 외로우면 그러겠어요.

불안정한 관계 속에서 당신이 얼마나 고통받으며 살아왔는지 하나님도 알고 계세요. 하나님은 믿지 않는 남자친구를 만났다고 화내시는 분이 아니세요. 오히려 외로움을 견딜 수 없어 누구라도 곁에 있어주기를 바라는 당신을 보시며 안타까워하실 거예요. 하나님은 당신이 사랑받기 원하세요.

그렇다고 아무나 만나라는 말은 아니에요. 가능하면 예수님을 의지하고 사랑하는 남자를 만나세요. 극단적으로 생각하지 마세요. 믿음 있다고 좋은 남자 아니고, 믿음 없다고 나쁜 남자 아니에요. 복음이 없다면 복음을 전해주세요. 복음이 있다면 복음을 공유하세요. 서로의 진심이 중요해요.

신앙이 성숙하고 성경 지식이 많아져도 외로움은 사라지지 않아요. 믿음이 좋은 남자친구를 만나도 계속 외로울 수 있어요. 누구도 당신 안의 결핍을 대신 채워줄 수 없어요. 외로움은 스스로 돌봐야 하는 감정이에요.

예수님의 사랑과 그분의 말씀으로 외로움을 돌봐주세요. 외로운 당신을 하나님이 따뜻하게 안아주시기를 기도합니다.

남자다운 남자가 싫어요

다정다감하고 온유한 사람을 만나고 싶은데, 남자친구가 좀 거칠어요. 아버지에 대한 두려움이 있어요. 남자친구의 표정과 말투에 민감해요. 사랑받지 못한다는 생각에 헤어졌어요. 노력하겠다는 말에 다시 만나지만 실망스러운 건 마찬가지예요.

그건 당신 선택이에요. 당신이 만나고 싶은 사람을 만나고, 아니다 싶으면 헤어지면 됩니다. 원하는 대로 선택하지 못하는 상황을 이해합니다. 당신은 딜레마에 놓인 겁니다. 남자친구가 좋기도 하고, 싫기도 한 거죠.

남자친구가 무섭기만 했다면 이미 헤어졌을 겁니다. 아무리 다시 만나자고 해도 만나지 않았겠지요. 그는 분명 당신이 원하는 것을 갖고 있을 거예요. 다시 기회를 준 이유일 겁니다. 그의 전부가 싫은 게 아니라 일부가 두려운 것이지요.

저울질하다가 연애를 다시 시작합니다. 연애를 다시 시작한 이상, 작은 부분은 더 이상 작은 부분이 아닙니다. 부분이 전체를 덮어버립니다. 그 부분이 당신의 상처와 맞닿아 있으니까요. 폭력적인 아버지의 성향과 남자친구의 성향이 서로 닮은 것이지요.

그와의 관계에 집중하지 말고, 자신에게 집중해보세요. 가만히 멈춰 서서 깊이 생각해보세요. 그가 당신에게 주는 무언가를 다른 남자에게서 받을 수 있는 건가요? 사람이 바뀌어도 받을 수 있는 건가요? 그렇다면 그가 꼭 필요한 건 아닙니다. 선택이 쉬워졌으면 좋겠습니다.

하지만 다른 누구로 대체할 수 없는 그만의 특별한 무엇이 있나요? 그가 아니면 절대 안 되는 그 무언가가. 그렇다면 그를 놓치면 안 됩니다. 표현 방식이 서투를 뿐 그의 진심이 당신에게 전해진 겁니다.

다른 남자를 만나도 당신의 상처는 새로운 관계 안에서 영향을 미칠 겁니다. 그러니 관계에 집중하지 말고 자신에게 집중하세요. 남자가 바뀌어도 반복되는 패턴이라면 관계를 통해 상처를 해결할 수 없습니다.

꼭 그 남자여야 한다면 힘들고 어려워도 함께하는 법을 배워야 합니다. 그러나 그가 아니어도 된다면 지금은 자신을 추스르고 돌볼 때입니다.

남자친구에게만 화를 내요

나는 다른 사람에게 화를 내지 않아요. 그런데 남자친구는 예외예요. 답답하고 짜증 나면 나도 모르게 화를 내고 막말을 하거든요. 고치고 싶은데 고치기 어려워요.

당신은 지극히 정상입니다. 자신을 비난할 필요 없어요. 쉽지 않겠지만 사랑하는 사람과 대화로 풀어갈 수 있습니다. 다른 사람과 남자친구는 다릅니다. 자신을 이중적인 사람이라고 생각하지 말아주세요. 다른 사람에게는 쉽게 화내기 힘듭니다. 그들은 당신에게 중요한 사람이 아니라서 그래요.

남자친구는 자기 자신의 일부예요. 자기 자신과의 상호작용이 그에게 반영됩니다. 진지하게 오랜 시간 만났다면 가족처럼 느껴집니다. 다른 사람들과 관계의 수준이 다릅니다.

아이들만 부모와 애착되는 게 아니라 연인끼리도 애착됩니다. 연인 사이에서 애착이 깨지면 부모를 잃은 아이처럼 고통스럽지요. 연인과 헤어진 슬픔이 가족을 잃은 슬픔과 별반 다르지 않아요.

사람은 애착이 된 대상에게 안정감을 느끼고 싶어 합니다. 그러나 남자친구에게 안정감을 느끼는 게 쉽지 않아요. 항상 좋은 감정으로 만날 수도 없고, 좋은 말만 할 수도 없습니다.

화를 내면 후회가 밀려오겠지요. 그렇다고 '화내지 말자. 화내면 나쁜 사람이다. 내가 이것밖에 안 된다니…. 아, 또 화내고 말았어'라고 하지 마세요. 자연스러운 감정을 차단하지 마세요. 당신은 기계가 아닙니다.

'화내지 말자'라는 명령어가 사람에게 입력되면 고장 납니다. 화를 막을 게 아니라 적절히 표현하는 방식을 배워야 해요. 감정 자체가 아니라 감정을 표현하는 방식이 달라져야 합니다.

화난다고 대화를 피하면 안 됩니다. 힘들어도 대화는 계속해야 합니다. 상대방을 윽박지르거나 자리를 박차고 나가면 대화가 끊어지겠지요.

같은 일로 다툼이 반복된다면 남자친구를 아무리 말해도 못 알아듣는 멍청이로 만들지 마시고, 그 안에 무엇이 들어 있는지 확인해보세요. 그 상황을 바라보는 당신만의 독특한 관점이 있을 겁니다. 그것이 뭔지 정확하게 인식한다면 갈등을 통해 서로 성장할 수 있습니다.

남자와 여자는 서로 다른 방식으로 의사소통합니다. 남자친구가 당신의 말을 이해 못 한다고 낙심하지 마세요. 서로의 말을 해석하는 방법을 배울 필요가 있어요. 서로의 언어를 이해할 수 있다면 둘의 관계는 안정될 겁니다.

연인 관계는 원래 힘든 겁니다. 포기하지 말고 대화하세요. 한 사람이 일방적으로 잘못하는 게 아닙니다. 갈등은 과정입니다. 있는 그대로의 자신을 남자친구와 공유하세요.

화낸 다음 날은 미안하다는 뜻으로 평소보다 여유 있게 남자친구의 말에 귀를 기울여주세요. 그도 하고 싶은 말이 있을 테니까요. 서로 주고받는 말 너머의 진심을 바라보세요. 서로의 진심을 알게 되면 행복해질 겁니다.

남자친구를 다시 만나고 싶어요

3년 동안 만나다 헤어진 남자친구가 그립습니다. 다시 만날 수 있었으면 좋겠어요. 연애할 때 많이 싸웠어요. 그때는 몰랐는데 헤어지고 나니 내 어린 시절 상처가 보였어요. 지극히 정상이라고 생각했는데, 알고 보니 상처투성이였어요. 불안정한 아버지 밑에서 자랐거든요.

이별을 극복하기 힘들어 하나님께 매달렸어요. 바쁜 와중에 교회에 가서 예배하고 기도하며 하나님을 의지했어요. 인생에서 가장 소중한 보물을 잃어버린 것 같아요. 다시 만나게 해달라고 기도해요. 그전에 먼저 내 가족이 회복되어야겠죠.

남자친구에게 내가 왜 그럴 수밖에 없었는지 설명하고 싶어요. 새로운 관계를 이어갈 수 있기를 바라고요. 더 늦기 전에 하나님이 다시 만날 수 있게 길을 열어주셨으면 좋겠어요.

사랑하는 사람과 헤어졌으니 얼마나 마음이 아플까요. 헤어짐의 원인을 상대방에게 돌리지 않고 자신에게서 찾는 건 어찌 보면 감사한 일인지 몰라요. 당신이 성장할 수 있는 기회가 될 것 같아요. 당신이 원하는 대로 남자친구를 다시 만날 수 있기를 바랍니다.

하지만 남자친구를 다시 만나도 당신이 행복해진다는 보장은 없습니다. 당신 안에 상처가 치유되는 것과 그를 다시 만나는 것을 나누어 생각했으면 좋겠어요. 그러지 않으면 당신은 더 큰 상처를 입을 수 있어요.

당신의 상처와 남자친구에 대한 그리움이 미묘하게 섞여서 전제 조건을 만들었어요. '내가 치유되면, 내 가족이 회복되면, 내가 하나님을 의지하면…'이라는 조건입니다.

이 조건이 만족되면 예상되는 결과가 있어요. 상처와 그리움이 섞여서 '내가 치유되면 남자친구를 다시 만나 행복할 수 있어'라는 문장을 만들어낸 거예요. 잘못된 문장입니다. 이 문장이 당신 안에 실재한다면 당신은 고통받을 거예요.

아무런 대가를 바라지 말고 하나님을 의지하세요. 오로지 당신 자신을 위해서 치유의 여정을 시작하세요. 누군가를 위해서가 아니라 당신 자신을 위해서. 다른 누군가의 지분이 1퍼센트라도 반영되면 치유는 오염돼요. 보상 심리가 작동합니다.

'내가 이렇게까지 하나님을 의지했는데, 어떻게 나한테 이러실 수 있을까?'

시간이 흐를수록 절망감은 더 커질 거예요. 나는 당신이 보상받기를 바라지 않아요. 선물을 받았으면 좋겠어요.

보상을 받는 사람은 언제나 아쉬워요. 노력한 만큼 정당한 평가를 받지 못하기 때문이에요. 하지만 선물을 받는 사람은 언제나 감사해요. 노력 없이 거저 받았으니까요. 기대가 없으니 감동 역시 크겠죠.

남자친구를 지우세요. 하나님과 당신 사이에 그 누구도 끼어들지 못하게 해달라는 부탁이에요. 오직 하나님만 사랑해주세요. 그분이 보상으로 주실 무언가를 기대하지 마세요. 대가 없이 하나님만 바라보세요. 당신의 진심이 하나님께 전해지면 선물을 주실 거예요.

하나님이 당신을 치유해주시기를 바라요. 당신을 사랑해줄 누군가를 보내주시기를 원해요. 남자친구가 당신에게 정말 필요한 사람이라면 다시 보내주실 거라고 믿어요. 만약 더 좋은 사람을 준비하셨다면 가장 좋은 때에 보내주실 거예요. 그가 아니면 안 된다는 말은 하지 마세요. 당신을 잘 아시는 하나님을 믿으세요.

이별의 아픔 때문에 상처를 탓하며 조급하게 치유를 말하지 마세요. 치유되지 않은 당신이라도 하나님은 온전히 사랑하시니까요. 당신이 다시 사랑받았으면 좋겠어요.

남자친구와 헤어지고 하나님을 원망해요

결혼을 전제로 6년 동안 사귄 남자친구와 헤어졌어요. 지금은 그에 대한 원망은 없어요. 차라리 헤어지기를 잘했다는 생각이 들어요. 문제는 하나님과의 관계예요. 하나님이 너무 원망스러워요. 내 20대를 다 바쳐서 주님을 섬겼는데, 남은 게 없어요. 하나님이 싫어서 교회에도 가지 않아요.

사람들에게 하나님이 원망스럽다고 말하면 편안하게 들어주지 않을 거예요. 잘못된 생각이라고 말하면서 논리적으로 따져보겠지요. 나는 그러고 싶지 않아요. 내가 더 나은 사람이라서가 아니라 당신의 진심을 알기 때문이에요.

당신은 그런 말 할 자격 있어요. 주님을 위해 20대를 바쳐 봉사했기 때문이 아니에요. 주님을 위해 온갖 노력을 다했기 때문이 아니에요. 당신이 주님의 딸이라서 그래요.

딸은 아버지를 원망할 자격이 있잖아요. 말 그대로 딸이니까요. 아버지를 원망하지 않으면 누구를 원망할 수 있을까요. 아버지를 사랑하니까 그만큼 아픈 거예요. 하나님을 진심으로 사랑해야 원망도 할 수 있어요. 사랑하지 않으면 미련도 없지요.

하나님이 진심을 담아 사과하시면 그 마음이 누그러질까요. 하나님이 용서를 구하신다면 풀릴까요. 하나님은 당신의 아픈 마음을 위로하고 싶으실 거예요. 하나님도 당신을 사랑하시니까요.

나는 당신의 삶에서 일어난 작은 기적을 목격했어요. 당신 안에서 자연스럽게 일어난 일이지만 다른 사람은 쉽게 이룰 수 없는 일이에요. 당신은 과거의 남자친구에서 벗어났어요.

헤어진 사람에 대한 원망과 그리움은 쉽게 떨쳐내기 힘든 감정이에요. 누군가에게는 평생 벗어나지 못할 수도 있는 감정이랍니다. 당신은 하나님을 원망하는 동안 과거의 상처에서 벗어났어요. 원망을 담은 편지라도 주소는 정확히 적어주신 거예요.

원망의 대상이 남자친구가 아니라 하나님이라서 감사해요. 만약 과거의 주소지에 끊임없이 편지를 보냈다면 당신의 편지는 길가에 버려졌거나 다른 사람 손에 갈기갈기 찢겼겠지요. 그러나 하나님께 보낸 편지는 그분이 소중히 뜯어 읽어보셨어요. 잘 펴서 예쁜 상자에 담아 보관하고 계시고요.

하나님은 답장을 쓰고 계실 거예요. 생각보다 오래 걸리나봐요. 하나님의 시간 계산법은 우리와 조금 달라서 예측하기 어렵지요. 그러나 조급해하진 마세요. 머지않아 하나님의 진심이 가득 담긴 편지가 도착할 거예요.

할 수 있다면, 하나님께 정확한 주소를 적어주세요. 당신이 하나님께 진심으로 듣고 싶은 말이 무엇인가요? 하나님이 어떻게 해주시면 마음이 풀릴까요? 잃어버린 모든 시간이 아깝지 않을 만큼 그분께 받고 싶은 선물이 있나요? 주저하지 말고 말하세요. 하나님은 이미 알고 계시고 보내주실 준비를 마치셨어요.

다시 교회에 나가려면 시간이 필요하겠지요. 나는 조급하게 당장 교회에 다시 나가라는 말은 못 하겠어요. 꽁꽁 얼어버린 당신의 마음이 따스한 사랑으로 녹아내리기를 바랄 뿐입니다.

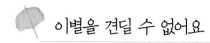

이별을 견딜 수 없어요

누군가와 헤어지는 상황을 견딜 수 없어요. 흐르는 눈물을 참을 수 없습니다. 선생님, 친구들과 헤어진다는 슬픔 때문에 졸업식이 힘들었어요. 담당 목사님이 바뀔 때도, 함께 일하던 동료가 회사를 그만둘 때도 울어요. 눈물이 나와서 친구의 결혼식도 못 봐요.

저는 3남매 중 첫째예요. 한 살 어린 남동생, 네 살 어린 여동생이 있어요. 남동생이 태어났을 때, 부모님은 저를 할머니 댁에 보냈어요. 할머니가 엄마인 줄 알고 지냈어요. 여동생이 엄마 배 속에 있을 때, 할머니가 갑자기 돌아가셨어요. 저는 다시 엄마 집으로 오게 되었어요. 아이가 셋이다 보니 엄마는 주로 저를 집에 혼자 두고 다녔어요.

당신은 누군가와 헤어질 때 슬픈 감정을 감당할 수 없다고 말하고 있어요. 하지만 이별의 슬픔으로 고통받는 게 아니에요. 당신은 혼자 남겨지는 게 두려울지 몰라요. 외로워서 우는 게 아니라 무서워서 우는 것 같아요.

당신은 바로 아래 동생이 엄마 배 속에 있을 때 할머니 댁에 맡겨졌어요. 한 살 어린 남동생이니까 당신은 돌이 되기도 전이지요. 여동생과 네 살 차이가 나니까 할머니 댁에 최소 3년 이상 산 거예요.

애착 형성에 중요한 생후 3년 전후로 두 번의 큰 상실을 경험한 거죠. 동생의 존재만으로 이미 존재감에 큰 타격을 입었을 거예요. 엄마와 생이별을 했으니 고통은 더 컸을 겁니다. 단지 어려서 표현할 수 없었던 거지요.

그런데 엄마처럼 생각했던 할머니마저 갑자기 세상을 떠났어요. 아마 세상이 하루아침에 무너진 것처럼 무서웠을 거예요. 그래서 혼자 있을 때 외롭기보다 무서울지 몰라요.

성인이 된 지금은 외롭다는 말은 할 수 있어도 무섭다는 말을 하기는 어려울 거예요. 하지만 괜찮아요. 누군가가 나를 떠날 때 무서운 감정을 느끼는 건 당신에게는 당연한 감정이에요. 그러니 자책하지 마세요.

당신의 마음속 어린아이를 돌봐줘야 해요. 그 아이는 여전히 무서워해요. 세월이 흘러도 변하지 않아요. 누군가 떠날 때, 무서워서 옷자락이라도 잡고 싶어 합니다.

아이를 비난하거나 정죄하지 마세요. 무서워서 그러는 거예요. 아무 잘못이 없으니 안심하라고 따뜻하게 안아주세요. 남은 삶 동안 포기하지 않고 돌봐줘야 해요.

사람들은 언젠가 당신을 떠나요. 당신이 필요할 때 옆에 없을 거예요. 하지만 걱정은 마세요. 예수님은 절대로 떠나지 않으십니다. 언제나 어디서나 따뜻하게 당신을 안아주실 거예요.

6부

결혼 고민을 돌보는 기술

: 사랑을 서로 공유해요

결혼할 사람을 만나면 특별한 응답이 있나요?

하나님이 만나게 해주신 배우자는 다른 사람과 달리 분명한 응답이 있나요? 이제까지 연애하는 동안 목사님이나 교회 선배들이 말하는 특별한 응답을 받은 적이 없거든요.

가끔 주변에서 신비로운 간증을 듣습니다. "처음 본 순간 하나님께서 확신을 주셨다", "힘들어서 포기하고 싶었는데, 그때마다 하나님께서 말씀하셨다"라는 말이죠. 청년의 시기에 결혼은 중요한 문제이니 신비한 간증에 귀가 쫑긋하는 건 당연합니다.

나 역시 하나님의 신비한 역사를 믿습니다. 그분은 여전히 살아계시고 지금도 일하시니까요. 하지만 한 개인의 간증을 모든 사람에게 일어날 수 있는 것처럼 일반화하면 위험합니다. 배우자를 만날 때 모든 사람이 신비한 응답을 받는 건 아닙니다. 오히려 응답받았다는 확신 때문에 실수할 수 있어요. 지나친 확신이 눈을 가려서 상대를 객관적으로 바라보지 못하고 잘못된 선택을 합니다.

연애는 과정입니다. 서로 교제하는 과정에서 하나님의 인도를 받아야 합니다. '모 아니면 도'라는 식으로 결론 내리고 출발하면 위험해요. 어떤 경우에도 성급하게 결론 내리지 마세요. 확신이 의심이 되고, 의심이 이별이 됩니다. 끊임없이 고민하세요. 고민이 멈추면 성장도 멈춥니다.

배우자를 위해 기도할 때, 하나님이 분명히 응답해주실 수 있습니다. 응답을 받았다면 감사한 일입니다. 그러나 분명한 응답을 받았다고 연애나 결혼이 쉬워지는 건 아닙니다. 두 사람이 함께 걸어야 하는 길은 편해지지 않습니다. 확실한 응답을 받았어도 과정에서 서로를 아껴주고 사랑해줘야 합니다.

결과 중심이 아니라 과정 중심의 연애를 하세요. 결과는 하나님만이 아십니다. 우리는 다만 과정에서 최선을 다하는 것입니다.

'이 사람이 하나님이 보내주신 바로 그 사람이 아닐까'라는 진심으로 사랑하고 돌봐주세요. 물건을 사듯 이리저리 평가하지 말고 선물을 받은 사람처럼 감사하세요. 머지않아 하나님이 보내주신 사람과 결혼하게 될 겁니다.

교회를 싫어하는 사람을 만나고 있어요

교회를 싫어하고 핍박하는 남자를 만나고 있어요. 하지만 성경에는 믿지 않는 사람과 결혼하지 말라는 구절이 있잖아요. 마음이 편치 않아요. 교회를 싫어하는 건 불편하지만 나머지는 괜찮은 사람이에요. 헤어지고 싶지 않아요. 이 사람과 결혼해도 될까요?

좋은 질문이에요. 하지만 그건 내가 이래라저래라 할 수 있는 문제가 아니라고 생각해요. 내가 뻔한 말을 하는 이유는 간단해요. 당신이 내게 동의를 구했기 때문이에요. 정확히 말하면 궁금해서 던진 질문이 아니라 찬반을 묻는 여론 조사에 가까워요. 왜 동의를 구하는 질문을 하게 되었을까요? 그만큼 불안하고 두려운 거겠지요.

왜 두려운지 함께 고민해보면 좋을 것 같아요. 교회마다 분위기가 조금 다르겠지만 믿지 않는 사람과 결혼하는 것에 관대하지 않아요. 하지만 "믿지 않는 사람과 결혼하면 절대 안 된다"라는 구절은 성경에 없어요.

믿지 않는 사람과 결혼해서 아름다운 믿음의 가정을 이룬 사례도 있고요. 그러니까 교회 분위기와 상관없이 본인이 믿지 않는 사람과 결혼한다고 결정하면 아무도 뭐라고 할 수 없어요.

진짜 문제는 자신의 내면에 있어요. 교회 분위기에 파묻혀서 깊이 고민하지 못하는 거죠. 교회 공동체 모든 사람이 손뼉 치면서 만장일치로 결혼을 찬성한다면, 그와 마음 편히 결혼할 수 있을까요? 그렇지 않다면 자신의 내면을 들여다보세요. 무엇을 두려워하고 있는지.

잠시 신앙의 주제를 내려놓고 대화하고 싶어요. 신앙이 중요하지 않아서가 아니라 문제의 본질을 정확히 보고 싶어요. 종교가 없는 남녀가 연애를 해요. 여자가 좋아하는 작가가 있어요.

그래서 그 작가의 책을 사서 모아요. 작가의 북 콘서트를 가기도 해요. 하지만 남자친구는 그를 좋아하지 않아요.

남자친구가 여자친구 앞에서 그 작가를 욕해요. 작가의 사생활을 들먹이며 대놓고 싫다고 말해요. 내 입장에서 보면 그 남자는 여자친구를 사랑하는 게 아니에요. 그건 바보 같은 짓이거든요. 그 남자친구가 말합니다.

"나는 내 여자를 사랑해. 하지만 그녀의 가치관이 마음에 안 들어. 가치관을 통째로 뜯어고칠 필요는 없어. 그 작가만 안 좋아하면 돼. 그거 하나 빼고 우린 잘 맞아. 결혼하고 싶어? 그럼 그 작가를 좋아하는 마음 버려. 책도 버리고. 그럼 아무 문제 없이 우리는 결혼할 수 있어."

사람마다 사랑의 정의가 다르겠지만, 적어도 이 남자의 사랑이 진짜 사랑이 아니란 건 동의할 거예요. 당신이 왜 두려운지 아시겠죠? 신앙이 문제가 아니라 사랑이 문제예요.

당신은 그를 만나서 결혼하면 신앙을 잃을까 걱정하는 듯 보이지만 실제로는 더 근본적인 고민을 하는 거예요.

'이 남자가 정말로 나를 사랑하는 걸까?'

당신이 느끼는 두려운 감정은 정당해요. 불안하고 두려울 수밖에 없지요. 그와 당장 헤어지라는 말이 아니에요. 그건 당신 선택이에요. 아무도 대신 선택해줄 수 없어요. 아직 시간이 있으니까 고민해보세요. 그와 결혼한다면 사랑받으며 살 수 있을지.

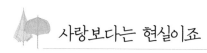

사랑보다는 현실이죠

배우자를 결정할 때 사랑보다 돈이나 배경이 더 중요하게 느껴져요. 사랑은 오래가지 않는다는 말을 자주 들었어요. 어차피 결혼해서 살 거면 넉넉하게 살고 싶어요. '이건 아니지' 하면서도 현실을 생각하게 돼요.

서로 사랑하지만 결혼해서 마주할 빠듯한 삶이 걱정되는 건 당연합니다. 아직 누군가를 만나기 전이라도 상황은 다르지 않습니다. 누구를 만나더라도 먹고사는 걱정은 사라지지 않을 테니까요.

스스로를 비난하지 않았으면 해요. '나는 세속적인 사람이다'

라는 사고는 옳지 않아요. 어느 정도의 경제적 안정감을 원하나요? 정확한 재산 규모가 아니라 상대적인 안정감을 말하고 있는 것 같아요. 지금보다 나은 삶을 살고 싶은 거겠죠.

그 안에 결핍이 있을지 몰라요. 아마도 가난의 고통을 알기 때문이 아닐까요? 가난의 고통을 알면 가난하고 싶지 않아요. 오히려 가난을 경험해보지 않은 사람이 가볍게 생각합니다. 만약 가난의 고통을 안다면 스스로를 비난하면 안 됩니다. 결핍에서 두려운 감정이 시작된 것이니까요.

두렵다고 해서 자신에게 주어진 시험지를 다른 사람에게 떠넘기면 안 됩니다. 정직하게 공부해서 아는 만큼 써야 해요. 시험 점수가 낮아서 실망스럽더라도 어쩔 수 없어요. 공부 잘하는 친구와 짝을 해서 커닝으로 성적을 올린다면 나중에 철들고 나서 후회합니다. 좋은 대학에는 가도 좋은 인생은 살지 못할 수 있어요.

자기 문제는 스스로 풀어야 해요. 결혼을 통해 문제를 해결하려고 하면 누구를 만나도 행복하기 어렵습니다. 경제적으로 여유 있는 사람이라도 다른 것이 부족할 수 있어요.

사랑이 대수롭지 않은 듯이 말하는 사람이 있어 안타까울 뿐입니다. 서로 사랑하지 않으면 결혼이라는 배는 결국 침몰합니다. 암초에 걸리면 초호화 크루즈나 화물선이나 침몰하는 건 마찬가지지요.

"사랑이 오래가지 않는다"라는 말은 진실이 아닙니다. 모든 부부는 서로 사랑하기에 고통받아요. 사랑이 사라진 게 아닙니다. 사랑하지 않으면 고통받지도 않지요. 부부의 모든 고통은 사랑에서 시작됩니다. 단지 사랑을 서로 공유하지 못해서 불행해진다고 생각해요.

누구를 만나 결혼해도 괜찮아요. 각자의 선택이니까요. 나는 당신이 행복하기를 바랍니다. 아직 시간이 있으니 자신 안의 결핍을 자세히 살펴보면 좋겠어요.

성격이 비슷한 사람과
결혼하는 게 좋은가요?

사람마다 다른 말을 해서요. 제대로 한번 확인해보고 싶었어요. 배우자를 만날 때, 성격 유형이 비슷한 사람이 좋다고 보시나요, 아니면 정반대의 경우가 더 좋다고 보시나요?

성격은 상관없습니다. 부부는 성격이 달라도 행복할 수 있어요. 내 주장이 아니라 학자들의 일치된 견해입니다.

부부의 이혼 사유 중 가장 많은 비율이 '성격 차이'입니다. 매년 통계를 보면 거의 절반에 가까운 사람들이 성격 차이로 이혼합니다. 그렇다고 이 수치를 보고 '아, 성격이 다르면 이혼하는구나'라고 결론 내리면 안 됩니다.

성격이 다르지만 이혼하지 않고 행복하게 사는 부부가 훨씬 많습니다. 이혼 사유가 애매한 경우, 대부분 성격 차이라고 표현합니다. 그래서 수치가 크게 잡힙니다.

모든 부부는 서로 비슷하고 또 다릅니다. 비슷해서 싸우고, 달라서 싸웁니다. 성격 때문에 싸우는 것처럼 보이지만 가까이에서 보면 의사소통 때문에 싸웁니다. 서로 소통하는 법을 모르면 오해가 쌓이고 신뢰가 깨집니다. 부부 사이에 신뢰가 깨지면 회복이 어렵지요.

아직 결혼 전이면 성격 유형에 너무 신경 쓰지 마세요. 서로의 닮음과 다름이 유익이 될 수 있도록 올바른 의사소통 방식을 배우면 됩니다. 연애하고 있다면 지금이 기회입니다. 서로 연습하세요. 오해를 넘어 진심이 전해질 수 있다면 당신의 결혼은 장밋빛입니다.

혼전순결에 대해 어떻게 생각하세요?

'혼전순결'이란 말을 들을 때마다 부담스러워요. 요즘 사회적 분위기와 맞지 않는 것 같고요. 순결을 지켜낸다고 행복한 결혼생활이 보장되는 건 아니잖아요. 혼전순결에 대해서 어떻게 생각하세요?

당연히 순결해야죠. 결혼은 인간이 만든 제도이기 이전에 하나님께서 먼저 정하신 약속입니다. 인류 최초의 결혼이 에덴동산에서 있었고, 신성하고 거룩했습니다.

성경은 단호하게 말합니다. 결혼 이외의 모든 성관계는 용납되지 않습니다. 그러니 결혼 전 청년이라면 순결이라는 말에 더욱 민감해야 합니다.

"누가 몰라서 질문했니? 나도 알아. 괴롭고 힘들어서 질문한 거잖아."

나는 오해를 바로잡고 싶어요. 순결에 대해 이분법적으로 생각하지 말아주세요. "혼전순결은 결혼하기 전까지 성관계를 하지 않는 것이다"라고 단순하게 정의 내리면 안 됩니다.

결혼 전이든 후든 그리스도인은 순결해야 합니다. 결혼하면 괜찮다는 말은 성경을 오해한 결과입니다. 부부의 성관계를 무조건 거룩하다고 생각하면 안 됩니다. 거룩하게 다루어야 거룩한 겁니다. 거룩하지만 거북하게 다루어질 수 있어요.

부부의 성관계 역시 왜곡될 수 있어요. 부부가 서로 사랑하는 마음 없이 욕구 충족의 도구로 사용한다면 부부라도 거룩하다고 말할 수 없어요.

법적으로도 부부 사이에 강간죄가 성립해요. 결혼했으니까 괜찮다는 말은 진실이 아닙니다. 섬세하게 자기를 점검하고 살펴야 해요. 혼전순결만큼 혼후순결도 중요합니다.

같은 관점으로 혼전순결을 말해볼게요. 이 말을 들으면, 긴장하는 쪽은 순결을 잃은 사람이겠지요. 순결한 사람은 그나마 마음이 편하겠지요. 하지만 수위를 넘은 스킨십이 발목을 잡고 있지요. 조마조마합니다. 아직까지는 괜찮지만 당당할 수는 없습니다.

아마도 남자보다 여자가 긴장할 겁니다. 여성의 피해가 더 큽니다. 더 취약합니다. 나를 여성 우월주의자로 생각하지 말아주세요. 내 성별은 남자고, 상식 있는 상담자일 뿐입니다.

혼전순결을 잃은 여자는 정죄의 대상이 아니라 보호의 대상입니다. 그리스도의 사랑을 아는 사람이라면 상처 입은 주님의 딸을 돌보고 사랑해야 합니다.

당신이 혼전순결이라는 말을 의식하지 않고 살았다면 질문하지 않았을 겁니다. 이것에 민감한 이유가 있을 거예요. 혹시 죄책감에 시달리고 있다면 그 상황을 바로잡고 싶습니다.

'이미 내 몸은 더럽혀졌어. 나는 끝났어. 하나님 앞에 설 수 없어.'

이것은 거짓말입니다. 진실이 아닙니다. 원치 않는 성관계를 했다면 더더욱 진실이 아닙니다. 죄책감에 사로잡힌 사람은 은혜를 간과합니다. 주님은 우리가 어떤 죄 가운데 있더라도 은혜로 용서하십니다. 다시 기회를 주십니다. 순결을 잃었다고 좌절하지 마세요. 당신은 여전히 순결한 주님의 자녀입니다.

누군가 말할 겁니다. 사람들과 타협하지 말라고. 그렇게 타협하면 말씀을 왜곡하는 거라고. 아니요. 나는 내 말에 책임을 질 겁니다. 순결을 말할 때, 나는 죄책감에 흐느껴 울고 있는 여자 앞에서 말하는 겁니다.

혼전순결이라는 말을 비웃으면서 자신의 몸을 쾌락의 도구로 사용하는 사람을 한 번도 본 적이 없습니다. 만약 그런 사람을 만난다면 다시 생각해보겠습니다.

주님 앞에 바로 섰다고 생각했을 때 넘어질 겁니다. 일어서고 넘어지고를 반복할 겁니다. 견디기 힘들다고 해서 다른 사람에게 몸을 맡기면 상처는 심해집니다. 따뜻한 품이 그립다고 남자 품에 안기면 안 됩니다. 그럴수록 외로워집니다.

안지 못하게 한다고 떠나는 남자라면 떠나보내세요. 두려워 마세요. 주님이 안아주십니다. 당신은 영원히 안전합니다.

다른 사람을 소개받는 게 죄가 되나요?

교회에서 만난 남자친구가 있어요. 그는 나와 결혼하고 싶어 해요. 나는 잘 모르겠어요. 이런저런 조건을 따져보고 있어요. 이 와중에 더 좋은 조건의 소개가 들어와요. 다른 사람을 소개받으면 죄가 되나요?

궁금해서 던진 질문이 아니라 불안해서 던진 질문처럼 느껴집니다. 만약 내가 괜찮다고 하면 마음이 조금 편해질까요? 하지만 단답식으로 대답하고 싶지 않습니다.

연애는 OX 게임이 아닙니다. 이분법적으로 생각하면 안 됩니다. 새로운 남자를 소개받으면 유죄 판결을 받고, 지금 남자친구와 결혼하면 무죄를 받는 식으로 생각한다면, 하나님과의 관계가 심하게 왜곡된 거예요. 죄의 여부를 떠나서 진실한 판단을 하시기를 바랍니다.

조건을 따져 결혼하면 행복하기 어렵습니다. 조건을 보기 전에 먼저 존재를 보세요. 그것이 성경의 원리와 더 가깝습니다. 조건을 아예 무시할 수는 없지만, 지금은 조건이 너무 앞서고 있어요. 결혼은 쇼핑이 아닙니다.

내가 보기에 지금의 남자친구를 사랑하지 않는 것처럼 보입니다. 확신이 없는데 관계를 유지하는 건 서로에게 유익하지 않습니다. 곁에 두고 관리하는 건 옳지 않아요.

남자친구와 결혼하는 것과 새로운 사람을 만나는 건 서로 별개의 문제입니다. 새로운 사람을 만나고 싶다면 먼저 지금의 남자친구를 정리하는 게 맞습니다.

그리고 지금 남자친구와의 관계를 유지한 채로 다른 사람을 소개받는 것이 죄가 된다는 직접적인 성경 구절은 없습니다. 그래서 죄라고 단정할 수는 없습니다. 그렇다고 마음 편히 다른 누군가를 만나도 된다는 말은 아닙니다.

죄가 되는지를 따져보기 전에 동기를 살펴보면 좋겠습니다. 선택보다 중요한 건 동기입니다. 동기는 눈에 보이지 않지만, 선택의 기준이 됩니다. 동기의 옳고 그름은 자신만이 알 수 있습니다.

자신 안의 동기가 올바른지 점검해보면 좋겠어요. 동기가 바르지 않으면 죄가 될 수도 있습니다. 잘못된 동기는 결국 자신과 남자친구에게 상처를 남기게 될 테니까요.

7부

부부를 돌보는 기술

: 마음을 열고 대화해요

하나님보다 자녀를 사랑해요

자녀가 우상이 되면 안 된다는 설교를 자주 듣습니다. 동의
는 되는데 구체적으로 실천하려면 답답합니다. 자녀가 우상이
되지 않으려면 어떻게 양육해야 할까요?

자녀가 우상이 되면 안 된다는 말뜻은 단순합니다. 자녀가 하
나님보다 앞서면 안 된다는 겁니다. 당연한 말이지만 적용하기
가 어렵지요. 같은 말을 들어도, 듣는 사람에 따라 서로 다른
반응을 보일 수 있어요.

당당한 사람이 있습니다.

"당연한 말이지. 어떻게 자녀가 하나님보다 앞설 수 있겠어. 하나님이 우선이야."

하나님이 최우선이라고 믿으니까 그다음부터는 별 고민 없이 마음 편하게 삽니다. 자녀에게 올인하더라도 위기의식이 없습니다. 자녀보다 하나님을 사랑하면 되니까요. 하지만 바른 적용이 아니라 자기 합리화입니다.

자책하는 사람이 있습니다.

"나는 자녀를 하나님보다 사랑했구나. 잘못 살았어. 회개하자."

문제는 그다음입니다. 회개하고 난 다음에 어떻게 살아야 할지 모릅니다. 하나님 앞에서는 반복되는 죄책감을 느낍니다. 자녀 앞에서는 부모로서 책임을 다하지 못한다는 생각에 자책하지요. 하나님과 자녀 사이에 끼어서 괴롭습니다. 자기 비하입니다.

질문 자체에 해답이 있습니다. 당신은 자녀가 우상이 되지 않을까 고민하고 있습니다. 어디까지가 하나님의 뜻인지 정말로 알고 싶은 겁니다. 문제를 붙잡고 고민하는 과정 자체가 해답입니다. 고민이 멈추지 않는 한 올바른 방향으로 나아갈 것입니다.

내가 정답이라고 말하지 않은 이유가 있습니다. 정답과 해답은 뉘앙스가 다릅니다. 정답은 이미 정해진 답이고, 해답은 풀이 과정에서 도출된 결과지요. 자녀 양육에 정답은 없어요. 해답이 있을 뿐입니다.

내가 하나님 앞에서 자녀를 제대로 키우고 있는지 중간에 채점할 정답지가 없습니다. 자녀를 다 키워보고 나면 알 수 있겠지요. 또 사람이 평가할 수도 없습니다. 하나님만이 아십니다.

계속 고민하면서 자녀를 키우면 좋겠습니다. 자만하거나 확신하지 말고 하나님 앞에 엎드려야 합니다. 자녀 앞에 서야 합니다. 엎드리고 서기를 반복하며 최선을 다하는 겁니다.

목사라고 자녀를 잘 키우는 건 아닙니다. 자녀 욕심이 앞서면 공감 없는 명분을 앞세워 교회와 세상 앞에서 부끄러운 선택을 하지요. 나도 끊임없이 고민합니다.

고민이 끝나면 성장도 멈춥니다. 고민하는 한 당신의 최우선
순위는 하나님입니다. 우상 숭배는 걱정하지 마세요. 당신은
참된 예배를 드리고 있습니다.

남편과 자녀 교육관이 많이 다릅니다

아이 둘을 키우는 워킹맘입니다. 저는 아이들에게 정서적 안정감이 중요하다고 생각해서 공부하라고 강요하지 않습니다. 아이들이 아직 어리니까요. 그런데 남편은 계획을 세워서 철저히 공부를 가르치라고 합니다. 교육관이 서로 달라 힘듭니다.

겉으로는 교육관이 서로 달라서 갈등이 일어난 것처럼 보이지만 실제로는 대화 방식이 문제입니다. 부부의 생각은 다를 수 있습니다. 당연한 겁니다. 생각이 달라도 서로를 신뢰한다면 대화할 수 있습니다.

그러나 서로 신뢰하지 못하면 '다른' 생각이 서로에게 '틀린' 생각이 됩니다. "너도 맞고, 나도 맞다"가 아니라, "나는 맞고, 너는 틀리다"가 되면 갈등이 커집니다.

대화가 되지 않으니 부부 중 한쪽의 생각만 반영됩니다. 당연히 주도권을 잃은 배우자는 감정이 상합니다. 자녀의 미래가 달린 문제니 "내가 양보하지, 뭐"라고 말하면서 가볍게 넘길 수도 없습니다.

서로 다른 말을 하는 것처럼 보이지만 같은 말을 하고 있습니다. "자녀를 어떻게 잘 키울 수 있을까?" 같은 고민에 서로 다른 생각을 표현하는 것이지요. 조금 억지스럽더라도, 아내와 남편의 입장 차이를 표현해보겠습니다.

"정서적으로 안정된 아이는 나중에 자기가 하고 싶은 것을 발견하면 열심히 노력할 거야. 하고 싶지도 않은데 억지로 시키면 공부에 반감을 갖게 돼. 조급하면 아이 인생을 망친다고. 기회를 주고 차분하게 기다려야 해. 믿어주고 기다리면 아이 스스로 공부할 날이 올 거야."

"그건 나도 알아. 하지만 세상이 변했어. 세상이 우리 어릴 때와 다르다고. 경쟁은 이미 시작됐어. 지금 뒤처지면 나중에 따라갈 수 없어. 아이들이 정신을 차리고 공부하려고 하면 이미 늦어. 도저히 따라갈 수 없는 구조라고. 어느 정도는 시켜야 나중에 스스로 노력할 때, 그것을 바탕 삼아 앞으로 나아갈 수가 있어."

모두 맞습니다. 정서도 중요하지만 엄연한 사회 현실도 있습니다. 옳고 그름으로 따질 문제가 아닙니다. 서로 대화해서 생각의 차이를 좁혀야 해요. 서로 합의해서 일관된 방식으로 아이를 양육하는 게 아이들의 정서 안정에 중요합니다.

공부 부담을 안 주고, 마냥 놀게 한다고 안정되는 게 아닙니다. 그렇다고 애들을 밤낮없이 학원으로 돌린다고 밝은 미래가 보장되는 것도 아니겠지요. 둘의 생각 차이를 좁히고 중간 어디서 만나야 합니다.

아내와 남편은 각자 자신이 살아온 이야기가 있을 겁니다. 자신의 결핍이 자녀 양육에 반영됩니다. 서로의 주장에는 서로의 결핍이 있습니다. 자신의 성장 과정을 돌아보면 아쉬운 장면이 떠오릅니다. 자녀에게 보다 나은 환경을 만들어주고 싶다는 욕구는 아내와 남편 둘 다 같습니다.

아내에게 조심스럽게 부탁합니다. 남편의 이야기를 잘 들어주세요. 남편이 하자는 대로 군말 없이 따르라는 말이 아닙니다. 중간에 말을 끊고 판단하지 말고, 그의 생각에 공감해주세요. 그의 진심이 아내와 아이들에게 전달되는 게 중요합니다.

마음을 열고, 서로의 결핍을 공유하고 격려해야 합니다. 그 과정을 생략하면 오해합니다. 자녀 양육이 주도권 싸움으로 변질됩니다. 부부가 서로의 약점을 공유하면 서로의 장점을 활용할 수 있습니다.

엄마는 엄마대로, 아빠는 아빠대로 자녀에게 줄 수 있는 게 다릅니다. 각자의 강점을 활용해야 아이들이 잘 큽니다. 그러니 대화하세요. 목소리보다 마음의 소리가 중요합니다. 마음의 소리를 들어주세요.

딸이 결혼하면서 신앙을 버렸습니다

딸이 믿지 않는 청년과 결혼했습니다. 주말마다 교회에 출석하지 않고 놀러 다니더니 지금은 신앙을 버렸습니다. 걱정되어 한마디 했더니 그동안 엄마의 신앙으로 교회에 다닌 거라고 하네요. 마음이 아픕니다.

딸이 하나님과 멀어질 때, 엄마의 고통은 이루 말할 수 없지요. 하지만 우리 함께 믿음을 가졌으면 좋겠어요. 딸은 당신의 딸이기 이전에 하나님의 딸입니다.

하나님께서 사랑하시는 딸이니 그분의 때에 하나님의 품으로 돌아올 것입니다. 하나님이 절대로 외면하지 않으실 겁니다.

두렵고 걱정되지만 믿어야 합니다. 그래야 조급하거나 자책하지 않습니다.

딸의 곁에서 조급하게 행동하고 말하면 딸은 입을 닫을 것입니다. 일정 시간이 지나면 신앙과 관련된 어떤 말도 듣지 않을 거예요. 자책해서도 안 됩니다. 딸 앞에서 자책하면 딸은 엄마에게 미안해서 교회에 나갈 것입니다. 마지못해 나가는 것은 지속하기 어렵습니다.

딸의 친구가 돼주세요. 자식이지만 친구라고 생각해주세요. 아무리 친해도 친구 전도하기 어렵지요. 가까운 관계라고 생각했다가 교회 가자고 불쑥 말해버리면 어색해집니다. 딸도 마찬가지입니다. 내 딸이라고 마음 편하게 교회 가라고 불쑥 말해버리면 기분 나빠합니다.

처음에는 잔소리하지 말라고 짜증 섞인 반응이라도 해주지만 잔소리에 익숙해지면 무시하듯 듣고 맙니다. 그러니 좋은 친구가 돼주어야 합니다. 딸이 언제 어디서든 믿고 찾을 수 있는 친구가 되세요.

딸이 얼마나 힘든 시간을 보내고 있을까요? 신혼에, 육아에, 시부모에 복잡할 겁니다. 친정엄마가 친구가 돼준다면 딸이 든 든할 겁니다. 딸의 마음이 열릴 때까지 아낌없이 사랑하고 돌 봐주세요. 잃어버린 영혼이 주께 돌아오기가 쉽지 않습니다. 딸이라고 예외가 아닙니다.

엄마와 딸의 관계는 독특합니다. 엄마이기 전에 딸이었으니 누 구보다 잘 아시겠지요. '애증'의 관계라고 하면 설명이 될까요. 사랑하는 마음과 서운한 마음이 엎치락뒤치락합니다. 교회 다 니라는 몇 마디 잔소리로 딸과의 소중한 시간을 희생하지 마세 요. 그 시간에 예수님의 따뜻한 사랑을 전해주세요.

딸을 사랑하는 만큼 답답할 겁니다. 온갖 파괴적인 생각이 몰 려올 겁니다. 모두 진실이 아닙니다. 진실을 알고 싶다면 예수 님의 말씀을 들으세요. 하나님의 딸이 그 딸을 위해 기도하는 데 외면하실 수 없습니다. 예수님이 말씀하시면 좋겠습니다.

"딸아, 걱정 마라. 네 딸이 내 딸이란다."

돈 관리는 누가 하는 게 좋을까요?

결혼을 준비하는 청년입니다. 아무리 신앙이 좋아도 돈 때문에 부부가 갈라서는 경우를 자주 봤습니다. 그래서 결혼 전에 분명히 정하고 싶습니다. 남편과 아내 중 누가 재정 관리를 하는 게 좋을까요?

둘 중 아무나 하면 됩니다. 이왕이면 은사와 재능에 맞게 하는 게 좋겠지요. 누가 하든 갈등이 없어야 합니다. 서로 한마음으로 협력하라는 말입니다. 재정을 맡은 배우자가 다른 배우자를 통제하면 안 됩니다. 통제가 아니라 통해야 합니다.

정답이 없으니, 오답을 말해보겠습니다. 답이 아닌 것만 피하면 정답입니다. 극단적인 상황을 미리 알면 피할 수 있으니 도움이 될 겁니다.

재정을 맡은 배우자가 주도권을 갖는 경우가 있습니다. 상대가 갑자기 돈이 필요하거나 물건을 사야 할 때, 일일이 허락을 받아야 한다면, 부부 관계가 동등하지 않은 겁니다. 옳지 않습니다. 동등하게 서로의 생각을 나눌 수 있어야 합니다.

안타깝게도 재정을 맡은 배우자가 아랫사람을 대하듯이 단칼에 거절하는 경우를 봅니다. 한정된 돈으로 원하는 모든 것을 할 수 없으니 우선순위를 정해야겠지요. 재정을 맡은 배우자가 일방적으로 우선순위를 정하면 상대는 마음이 어렵습니다.

재정과 관련된 우선순위는 부부의 사고방식과 가치관에 밀접한 영향을 받습니다. 대화하면서 피곤하고 예민해질 수 있습니다. 그래도 최선을 다해 대화해야 합니다.

반대의 경우도 있습니다. 재정을 맡지 않은 사람이 힘을 가지는 경우입니다. 배우자에게 재정을 맡기고 10원짜리 동전 하나까지 가계부를 쓰라고 합니다. 수시로 확인하면서 돈을 어디에

썼냐고 스트레스를 줍니다. 최악의 상황입니다. 그럴 거면 차라리 본인이 재정을 맡는 게 낫습니다. 서로 예민하게 싸우다가 바람 잘 날 없습니다.

재정뿐만 아니라 모든 면에서 그렇습니다. 한쪽이 다른 한쪽을 밟고 올라서는 경우는 없어야 합니다. 아직 시간이 있으니 대화를 많이 하세요.

남편이 목사님 욕을 합니다

남편은 모태신앙입니다. 어릴 때 시아버지가 큰 병으로 죽다 사셨어요. 그 과정에서 남편이 하나님을 믿었습니다. 하지만 교회와 목사님에 대한 반감이 심합니다. 제 앞에서 목사님 욕을 합니다. 감당하기 괴롭습니다. 남편이 점점 싫어집니다.

남편을 싫어하지 않았으면 합니다. 누구나 교회와 목사를 욕할 수 있습니다. 대통령도 정치를 잘못하면 욕을 먹는데, 목사라고 예외가 있을까요. 혹시 목사가 잘못한 게 없는데 남편이 욕하면 그대로 두세요. 잘못 없는데 욕먹는 목사는 하나님께 인정받습니다. 목사에게 좋은 일입니다.

문제의 본질은 남편이 교회와 목사를 비판하는 것 자체가 아닙니다. 남편의 비판이 아내에게 수용되지 않는 것이 진짜 문제입니다. 신앙의 문제가 아니라 부부의 문제입니다. 신앙이 중요하지 않다는 말이 아니라 문제의 본질을 찾아보자는 말입니다.

아내가 회사에서 일을 한다고 가정해보겠습니다. 남편이 아내가 다니는 회사와 사장을 욕하면 아내의 기분이 어떨지 궁금합니다. 교회와 목사를 욕하는 것만큼 기분이 나쁘다면 문제가 있습니다. 남편을 싫어하는 겁니다.

남편의 신앙이 아니라 세상에 대한 태도와 가치관, 말투 같은 게 싫을 수 있습니다. 상호작용에 문제가 있다는 것을 의미합니다. 신앙보다 급한 건 서로의 관계입니다. 서로를 신뢰할 수 없기에 서로의 생각에 공감하지 못하는 겁니다.

회사와 사장을 욕하는 것보다 교회와 목사를 욕하는 것이 훨씬 더 기분 나쁘다면 남편을 조금 이해해주었으면 좋겠습니다. 남편이 예수님을 욕하는 건 아니니까요. 혹시 예수님을 욕하더라도 받아주었으면 좋겠습니다.

아내가 예수님을 사랑해서 방어하느라 기분이 나쁜 거니까 괜찮습니다. 예수님은 이해하십니다. 조금만 참고 기다려주세요.

남편이 비난하는 데는 그만의 이야기가 있을지 모릅니다. 아내가 아는 만큼 간단하지 않을지 모릅니다. 마음을 단단히 먹고 남편이 왜 싫어하는지 처음부터 끝까지 한 번만 참고 들어주세요. 충분히 듣고 나서 기회가 있다면 말해주세요.

"그랬구나. 많이 힘들었겠다. 그런 상처가 있는데 내가 교회에 다니는 걸 허락해줘서 고마워. 나도 고마운 마음을 담아서 당신을 위해 기도할게."

구체적인 상황은 모르지만 아마 이 말이 효력이 있을 거예요. 적어도 남편의 존재를 있는 그대로 받아주었으니까요. 하루아침에 문제가 해결될 수는 없어요. 충분한 시간이 필요합니다. 그의 비판이 계속되면 마음이 어렵겠지만, 포기하지 말고 힘껏 들어주세요.

아내가 과거의 잘못을 들춰냅니다

아내가 지난 일에 대해 자주 이야기합니다. 과거에 상처 준 시간이 있었지만, 지금은 최선을 다하고 있는데 아내가 알아주지 않아 괴롭습니다. 그동안의 노력이 아무 의미 없는 것처럼 느껴집니다.

지금까지의 노력이 아무 의미 없다는 말은 사실이 아닙니다. 그동안 최선을 다해 노력하신 것을 아내도 알고 있습니다. 고마운 마음을 안심하고 표현하지 못한 겁니다. 포기하기에는 이릅니다. 조금만 참고 기다려주세요.

아내의 상황을 먼저 이해하면 좋겠습니다. 상처는 시간이 흐른다고 쉽게 잊히지 않습니다. 지난 일에 대해 말할 때, 남편을 비난하는 게 아닙니다. 과거의 잘못을 들춰내는 것처럼 보이지만 실제로는 남편에게 솔직한 생각과 감정을 표현하는 겁니다.

과거에는 남편에게 아무리 표현해도 이해 못 한다 생각했기에 말하지 않고 혼자 참은 겁니다. 아내가 감정을 표현하기 시작했다는 건 당신이 그동안 노력한 결과입니다. 그러니 힘들어도 잘 들어주세요.

상처는 한순간입니다. 그러나 치유는 과정입니다. 진심으로 용서받기 원하신다면 아내가 남편에게 지난 일을 말할 때마다 치유되는 시간이라고 믿고 반복해서 용서를 구하세요. 용서는 한 번으로 끝나지 않습니다. 오래 걸립니다.

미안하다는 말 한마디로 풀릴 일이라면 아내가 오랜 시간 상처로 고통받지 않았겠지요. 그녀가 지난 일을 웃으며 말할 수 있을 때까지 자존심을 내려놓고 진심으로 사과해주세요.

아내 역시 용서하려니 고통스러울 겁니다. 아내가 이 글을 보고 있다면 조심스럽게 부탁하고 싶습니다. 남편이 포기하지 않도록 자신의 내면 안에서 벌어지는 일을 말해주세요. 그가 노력하는 모습이 고마울 겁니다. 고마운 건 고맙다고 말해주세요. 하지만 시간이 필요하다고 말해주세요.

그리고 예수님께 나아가세요. 남편이 천 번을 미안하다고 말해도 용서할 수 없을지 모릅니다. 그가 아내 옆에서 일생 죄책감으로 고통받으며 살아간다고 해도 그 마음이 풀리지 않을지 모릅니다.

예수님에게 아픈 마음을 가져가세요. 그분이 위로해주셔야 그 마음이 풀립니다. 지난 일이니 다 잊으라는 말이 아닙니다. 잊지 말고 기억하세요. 하지만 상처를 치유하시는 예수님도 기억해주세요. 그래야 치유될 수 있습니다.

남편의 옛날 사진을 발견했어요

오랫동안 만났던 남자친구가 저와 사귀는 중에 옛 여자친구를 만났고, 그 사실을 숨겼어요. 그로 인해 늘 마음 한구석에 남자에 대한 불신이 있었고, 상대방이 좋아해주는 것에 익숙했어요. 몇 번의 이별을 겪고, 남편을 만났어요.

남편은 저를 만난 지 2주 만에 저 모르게 예식장을 예약했어요. 나를 최우선으로 생각해주는 그에게 마음이 열렸어요. 서로 돕는 배필이라 여기면서 별다른 다툼 없이 잘 지냈어요.

그러던 어느 날, 우연히 남편이 옛 여자친구와 찍은 사진을 발견했어요. 저를 만나기 전에 찍은 사진이고, 본인도 기억 못 할 정도라고 하며 그런 흔적을 보인 것이 미안하다고 했어요.

하지만 그날 이후 아무 때나 그 사진이 떠올라 괴로워요. '나한테 잘하는 것을 보면, 예전에 누군가에게도 잘했겠지.' 질투가 나면서 남편에게 퉁명스럽게 행동할 때가 있어요.

결혼생활은 겉보기에 아무 흠이 없어요. 서로를 배려하고 존
중해요. 제 치유되지 않은 상처로 인해 남편을 아프게 하고
있지는 않은지 불안해요.

당신이 느끼는 의심과 불안은 정당한 감정이에요. 자책하거나
괴로워하지 않았으면 좋겠어요. 현재 결혼생활이 겉으로 보기
에는 전혀 문제가 없는 것처럼 보이지만, 실제로는 그렇지 않아
요. 당신은 지금보다 행복한 결혼생활을 할 수 있어요.

상처는 시간이 흘러도 저절로 치유되지 않아요. 고통스럽더라
도 마주해야 해요. 당신도 이미 알듯이 과거에 받은 상처는 치
유되지 않은 채 내면 깊숙한 곳에 머물러요. 그 상처를 직면하
고 돌보지 않아서 아물지 않은 채 방치된 거예요.

상처를 외면하면 사람은 대안을 찾아요. 상처를 만회할 방법
을 찾거든요. 다른 누군가를 만나 확인하고 싶었던 거예요.

'세상 어딘가에는 진실 된 사랑이 있지 않을까?'

하지만 그런 사랑은 없었어요. 그들은 같은 방식으로 당신에게 고통을 주었어요.

우연히 남편의 사진을 보게 되었을 때, 당신이 상처를 가두고 굳게 잠가놨던 방문이 열린 거예요. 아수라장이 된 채로 열려서 감당할 수 없었던 거죠. 불안하고 의심스러운 마음, 반복되는 감정의 기복, 극단적인 생각은 모두 자연스러워요. 남편은 예외였는데 남편도 그들과 같은 사람이 된 거죠.

당신은 딜레마에 놓였어요. 이성으로는 남편을 그들과 같은 사람으로 취급할 수 없으니까요. 남편은 다정하고 좋은 사람이에요. 당신에게 최선을 다하고 있어요. 이 지점에서 당신의 죄책감이 시작돼요. 조심스럽게 당신의 감정을 추론해볼게요.

'좋은 사람과 행복한 결혼생활을 시작했는데, 내가 의심해서 모든 것을 망쳐버리지 않을까? 나만 참으면 아무 문제가 없어. 이 남자는 좋은 남자야. 내 상처 때문에 오해하는 거야. 그럼, 안 돼. 다 지난 일이잖아. 의심하는 내가 나빠. 나는 왜 이럴

까? 주님을 믿는다고 하면서 과거에 매여 고통받고 있어.'

하지만 절대 참으면 안 돼요. 표현해야 당신이 살아요. 억누르면 억누를수록 당신도 남편도 고통받아요. 억누르는 능력을 키우지 말고 표현하는 능력을 키워주세요. 억누르다가 새어 나오는 감정이 관계를 파괴합니다. 뚜껑을 열어놓고 감정을 있는 그대로 보여주세요.

말처럼 쉽지 않을 거예요. 서로 사랑하지만 솔직한 감정을 표현하기 어려울 수 있어요. 결혼한 지 3년이란 시간이 지났지만 있는 모습 그대로 보여주기엔 조금 불안하지 않을까 생각해요.

남편은 당신을 만난 지 2주 만에 예식장을 예약했어요. 당신과 상의하지 않았어요. 매우 드문 일이에요. 당신이 당시 느꼈던 감정을 남편에게 솔직하게 표현할 수 있었을지 묻고 싶어요. 그만큼 솔직히 표현하기 힘들겠지만 포기하지 말아주세요.

남편과 치유되는 과정을 공유하세요. 있는 그대로의 감정, 진행되고 있는 감정을 표현해주세요. 표현하려는 의지와 함께 표현 방식도 중요해요.

주어와 동사를 바꿔주세요. 주어는 "나"로, 동사는 "그랬어"로 표현해주세요. "나, 그랬어"라고 표현하면 성공입니다. 표현 방식을 의식하지 않고 느껴지는 대로 말하면, 주어가 "너"로, 동사는 "그랬잖아"로 말하게 돼요. "네가 그랬잖아"라고 말하면 관계가 망가집니다.

"당신이 의심스러워. 그 여자한테도 다정했었지? 이런 오해받고 싶지 않았다면 사진을 잘 처리했어야지. 내가 사진을 보게 만들어서 이런 일이 벌어졌잖아. 그래서 내가 고통받잖아."

이런 식으로 표현하면 배우자는 반박할 말이 필요해요. 비난으로 들리기 때문이죠. "아니, 나는 안 그랬어"로 답하고 싶을 거예요. 서로 고통받을 수밖에 없어요.

"나는 당신을 오해하고 있어. 당신이 그런 사람이 아닌 것을 알지만 내 안에 치유되지 않은 상처로 나는 고통받고 있어. 그러고 싶지 않은데 종일 생각이 나. 의심과 불안으로 고통받는 나를 이해해주면 좋겠어. 내 감정을 숨기지 않고 당신에게 말하고 싶어. 나는 당신이 필요해. 내가 일어설 수 있을 때까지 조금만 기다려줘."

여기서 주어는 "나"이고, 동사는 "그렇다고"예요. 배우자는 반박하지 않아요. 오히려 책임감을 느껴요. 돕고 싶은 마음을 갖습니다. "나 그렇다고"라고 말했으니, 배우자는 "너 그랬구나. 나 몰랐어. 내가 도와줄게"라고 생각해요. 힘든 시간이지만 서로 격려할 수 있습니다.

말처럼 쉬운 건 아니지만, 자신을 솔직하게 표현해주기를 바라요. 억누를수록 고통받아요. 남편에게 표현하기 어렵다면 예수님에게 솔직하게 말하세요.

"나 그래요, 예수님. 상처 입어서 괴로워요. 의심하고 불안한 나를 보며 자책해요."

예수님이 말씀하실 거예요.

"내 딸이 그렇구나. 많이 힘들구나. 내가 도와줄게."

아내가 기도를 안 해요

장모님이 건강이 안 좋으세요. 아내를 도와주고 있기는 한데, 가끔은 제 마음도 힘들어요. 아내가 힘든 건 이해하는데, 아내가 기도하지 않는 것 같아요. 이럴 때일수록 기도하면서 하나님을 의지하면 좋겠어요.

아내는 기도하고 있을 거예요. 남편의 눈에 보이지 않는 것뿐이지요. 상황이 힘든 만큼 하나님께 간절히 기도하고 있지 않을까요. 어머니가 아픈 상황은 딸에게 말할 수 없는 고통을 안겨줍니다. 실제로 기도하지 못하고 있다면 아마 기도할 힘조차 남아 있지 않다는 뜻입니다.

아내에게 필요한 건 조언이나 해결책이 아니라 위로입니다. 많은 말을 하지 말고 많은 말을 들어주세요. 아내가 하고 싶은 말이 있을 거예요. 끊지 말고 끝까지 들어주세요. 쉽지 않을 거예요. 남편 역시 하고 싶은 말이 있으니까요.

아내가 푸념한다 생각 말고, 예수님에게 기도한다 생각해주세요. 남편 마음 안에 예수님이 계시지요. 아내가 고통을 말할 때, 남편 안에 계신 그분께 간절히 기도한다고 생각해주세요. 아내가 말하는 내용을 마음에 담으세요. 푸념이 아니라 절박한 기도입니다. 기도가 끝나면 아내가 말할 거예요.
"여보, 고마워. 내 상황을 이해해줘서. 힘내서 다시 일어설게."

아내는 위로받고 싶은 거예요. 힘든 시간 동안 아내 곁에 있어주면 그녀는 힘을 낼 수 있어요. 상황은 쉽게 바뀌지 않아요. 아내가 힘내서 힘든 시간을 이겨낼 수 있도록 도와주세요.

남편 입장에서 절대로 손해 보는 일이 아니에요. 인생은 아무도 예측할 수 없어요. 항상 좋은 일만 있기를 바라지만 누구도 보장할 수 없죠. 남편에게도 힘든 시기가 올 거예요. 남편이 무너졌을 때도 함께 있어줄 사람은 아내뿐입니다.

돌봄의 기술

초판 1쇄 발행	2019년 8월 19일
초판 2쇄 발행	2019년 8월 26일

지은이   김유비

펴낸이   여진구
책임편집   이영주 김윤향
편집   최현수 안수경 김아진
책임디자인   노지현 조은혜 | 마영애 조아라
기획 · 홍보   김영하   해외저작권   기은혜
마케팅   김상순 강성민 허병용   마케팅지원   최영배 정나영
제작   조영석 정도봉   경영지원   김혜경 김경희

이슬비전도학교   최정식   303비전성경암송학교   박정숙
303비전장학회 & 303비전꿈나무장학회   여운학

펴낸곳   규장

주소   06770 서울시 서초구 매헌로 16길 20(양재2동) 규장선교센터
전화   02)578-0003   팩스 02)578-7332
이메일   kyujang0691@gmail.com
페이스북   facebook.com/kyujangbook   홈페이지 www.kyujang.com
카카오스토리   story.kakao.com/kyujangbook   인스타그램 instagram.com/kyujang_com
등록일   1978.8.14. 제1-22

규 | 장 | 수 | 칙

1. 기도로 기획하고 기도로 제작한다.
2. 오직 그리스도의 성품을 사모하는 독자가 원하고 필요로 하는 책만을 출판한다.
3. 한 활자 한 문장에 온 정성을 쏟는다.
4. 성실과 정확을 생명으로 삼고 일한다.
5. 긍정적이며 적극적인 신앙과 신행일치에의 안내자의 사명을 다한다.
6. 충고와 조언을 항상 감사로 경청한다.
7. 지상목표는 문서선교에 있다.

하나님을 사랑하는 자 곧 그의 뜻대로 부르심을 입은 자들에게는 모든 것이 合力하여 善을 이루느니라(롬 8:28)

Member of the
Evangelical Christian
Publishers Association

규장은 문서를 통해 복음전파와 신앙교육에 주력하는 국제적 출판사들의 협의체인 복음주의출판협회(E.C.P.A:Evangelical Christian Publishers Association)의 출판정신에 동참하는 회원(Associate Member)입니다.